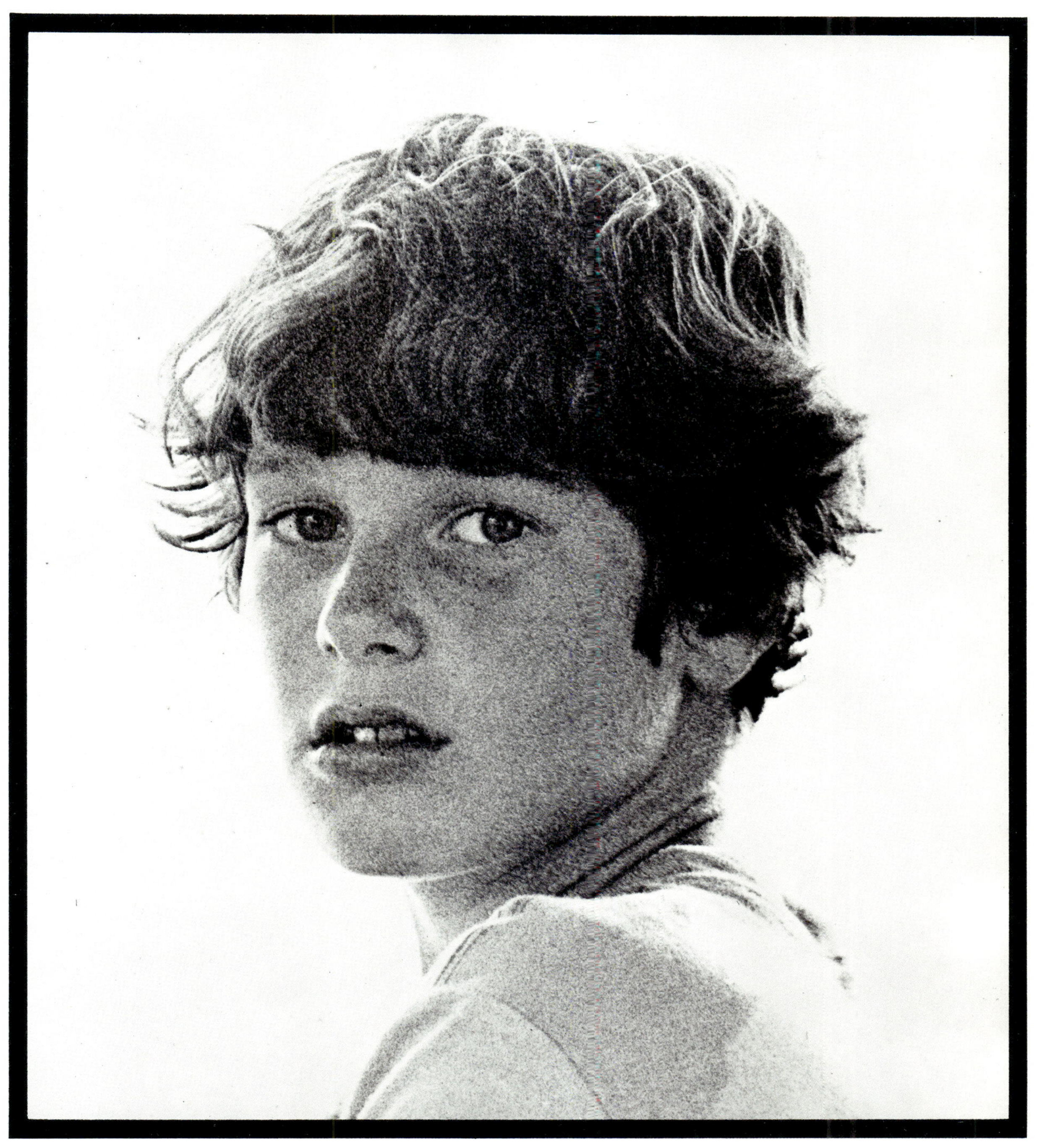

THOMAS JOHN ALCORN

New York 28 aprile 1956 - Firenze 13 marzo 1974

Thomas Alcorn
Photographs

RIZZOLI
NEW YORK

Published in the United States of America in 1976 by:

Rizzoli INTERNATIONAL PUBLICATIONS, INC.
712 Fifth Avenue/New York 10019

Library of Congress Catalog Card Number:
ISBN: 0-8478-0057-1

Printed in Italy

INTRODUCTION

Photography is a unique form of communication. In most cases it is the expression of simple feelings: love of one's family, the excitement of new places, the recording of festive occasions. This everyday instrument, a small black light-tight box, is everywhere, its shape and function familiar to everyone, even to those living in the most remote parts of the world. The camera is our bid for immortality, sometimes faltering, perhaps hesitant, and in most cases giving only a mere hint of the eloquence that lies within us. In the hands of those few masters that have chosen the camera as their means of expression, it is capable of rewarding us with emotional responses as deep and profound as any art form.

Here are the photographs of a young man, Tommy Alcorn, who, not yet turned eighteen, died in a senseless accident in Florence, Italy. They are remarkable photographs, the product of an accomplished, sensitive mind, and although their publication now is occasioned by their creator's early death, it is their beauty and accomplishment which recommends them to the widest possible publication.

Usually, it is with words that we express our feelings for the dead, words that, though heartfelt, are often forgotten and lost with time. Here no words are necessary, for there is no need for us to explain this boy; with these photographs he speaks for himself, and he does it with an eloquence and spirit that will always be with us. At a stage in life when he might have been satisfied to spend his time playing football, bicycling, and pursuing the excitements common to all young people, he also had the incentive to comment on what he saw — the teeming life around him, the strength and delicacy of nature, the infinite beauty and variety of the human face. The camera was a natural choice, because, as this book testifies, he took to it as naturally as breathing air, and almost from the beginning he was producing photographs of enduring quality. I think it was a remarkable union, as though he were born for the camera and the camera for him.

As a teacher of photography, I have occasion to see many photographs and meet many photographers. One of the pleasures of teaching this medium is to see how young people respond to their first efforts, limited though these early efforts might be. A few years before he died, I remember Tommy sitting beside me as I looked at the first photographs he had taken on a visit to Italy. He was fourteen at the time, and sat there quietly, shy, not saying much, listening as I commented on this one or that. I remember my own excitement then at the sureness of composition, images that flowed from the print, bold, without artifice. I had rarely seen such a group of photographs, certainly not from a young man — images that held together in a masterful way with an overwhelming sense of love for his subjects — the faces of the Italian peasants, their villages, homes, and the land they worked and sweated over. Through his intuitive artistry and his ability to establish a warm feeling of communication with the people he photographed, he presented us with a superb commentary on his first visit to Italy. Why is it that we do not expect the young to be so aware of human dignity, grace and beauty? I came across a photograph of a ploughed field, a sight that we have seen many times in our lives, but he saw it in a special way, and coming from his sensitive eye, it plants itself in our visual orbit so effectively that we will never look at a ploughed field in the same way again.

Looking at the photographs now, his outrageous death still fresh in my mind, I think of the words of the Irish poet Padhraic Pearse: « life springs from death ». Pearse was, of course, referring to the struggles of his own people, but the words are peculiarly meaningful for this tragedy. This book then, is a living testament, not just an epitaph carved in cold stone. Through this young man's art we are able to enjoy his response to the beauty of old faces, the delicacy of bare winter trees, man's wonder at this world, its timelessness, variety, and endless mystery. We are tremendously fortunate to have the eloquent record of this re-markable artist.

Shelter Island, N.Y.
May, 1975

BERNARD COLE
Associate Professor of Photography
Brooklyn College, N.Y.

INTRODUZIONE

La fotografia è un mezzo di comunicazione singolare. Nella maggior parte dei casi è l'espressione di sentimenti naturali: l'amore per la propria famiglia, la meraviglia di luoghi nuovi, il ricordo di avvenimenti lieti. Questo strumento comune che è la macchina fotografica, una piccola scatola nera a prova di luce, la troviamo ovunque; la sua forma e la sua funzione sono note a tutti, perfino a coloro che vivono nelle regioni più remote del mondo. La fotografia, talvolta incerta, forse esitante, e che in gran parte dei casi non dà che un accenno della comunicatività che è in noi, ci offre la possibilità di non morire del tutto; non solo, ma nelle mani di quei pochi maestri che hanno scelto la macchina fotografica come mezzo d'espressione, diventa suscitatrice di emozioni profonde e intense come qualsiasi altra forma artistica.

Qui sono raccolte le fotografie di un giovane, Tommy Alcorn, che morì in un incidente assurdo a Firenze prima di compiere diciotto anni. Sono fotografie notevoli, frutto di una mente acuta e sensibile; nonostante la loro pubblicazione sia causata dalla morte prematura dell'autore, è la loro bellezza e la loro qualità che invitano alla più vasta diffusione possibile. Di solito esprimiamo i nostri sentimenti verso i morti con parole, che, anche se sincere spesso poi si dimenticano e si perdono col tempo In questo caso, però, non occorrono parole per spiegare questo ragazzo: egli parla da sé con queste fotografie e lo fa con eloquenza e spirito tali che resteranno sempre in noi. In un momento della vita in cui forse sarebbe stato soddisfatto di trascorrere il suo tempo giocando a football, andando in bicicletta, cercando i divertimenti comuni a tutti i giovani, egli ebbe anche l'incentivo di commentare ciò che vedeva: la vita feconda intorno a lui, la forza e la delicatezza della natura, l'infinita bellezza e varietà del volto umano. La macchina fotografica fu una scelta istintiva perché, come dimostra questo libro, egli vi ricorse come all'aria per respirare, e ben presto fece fotografie di indubbia qualità. Penso che si stabilì un accordo straordinario fra lui e la macchina fotografica, come se fossero nati l'uno per l'altra.

Come professore di fotografia, ho l'occasione di vedere molte fotografie e di conoscere molti fotografi. Una delle soddisfazioni che offre l'insegnamento di quest'arte è vedere in che modo i giovani reagiscono ai loro primi tentativi nonostante siano per forza limitati. Mi ricordo Tommy seduto accanto a me, qualche anno prima della sua morte, mentre stavo esaminando le prime fotografie che aveva fatto durante un viaggio in Italia. Aveva allora quattordici anni, e stava seduto lì tranquillo, timido, silenzioso, ascoltando mentre io commentavo ora questa, ora quella immagine. Ricordo ancora il mio entusiasmo per la sicurezza di composizione, per le immagini sprigionate dalla fotografia, chiara, priva di artificio. Poche volte, e certamente mai di un giovane, avevo visto una raccolta di fotografie in cui il fotografo armonizzava le immagini in maniera così magistrale, con un irresistibile senso d'amore verso i soggetti trattati: i volti dei contadini italiani, i loro villaggi, le loro case, la terra che lavorano e per la quale sudano. Attraverso la sua intuitiva elaborazione artistica e la sua capacità di infondere in noi la calorosa sensazione di contatto con la gente che fotografava, egli mi presentò uno straordinario documento del suo primo viaggio in Italia. Perché ci stupiamo quando i giovani sono così consapevoli della dignità, della grazia, e della bellezza dell'uomo? Mi trovai davanti una fotografia di un campo arato, un'immagine che abbiamo visto molte volte nella nostra vita; ma egli l'aveva vista in maniera originale e, attraverso il suo occhio sensibile, l'aveva fissata nella nostra visuale con tale efficacia che mai più guarderemo un campo arato nella stessa maniera.

Osservando adesso le sue fotografie, e con il dolore per la sua morte atroce ancora in mente, penso alle parole del poeta irlandese Padhraic Pearse: « la vita nasce dalla morte ». Pearse certamente si riferiva alle lotte del suo popolo, ma queste parole sono significative anche per questa tragedia. Perciò questo libro è una testimonianza viva e non un epitaffio scolpito nella fredda pietra. Attraverso l'arte di questo giovane possiamo rivivere la sua reazione alla bellezza di volti scolpiti dalla vecchiaia, alla delicatezza di nudi alberi d'inverno, alla meraviglia dell'uomo per questo mondo, per la sua infinità, per la sua varietà e per il suo interminabile mistero. Siamo fortunati di avere la testimonianza di questo straordinario artista.

Shelter Island, N.Y.
maggio 1975

BERNARD COLE
Associate Professor of Photography
Brooklyn College, N.Y.

Fotografie

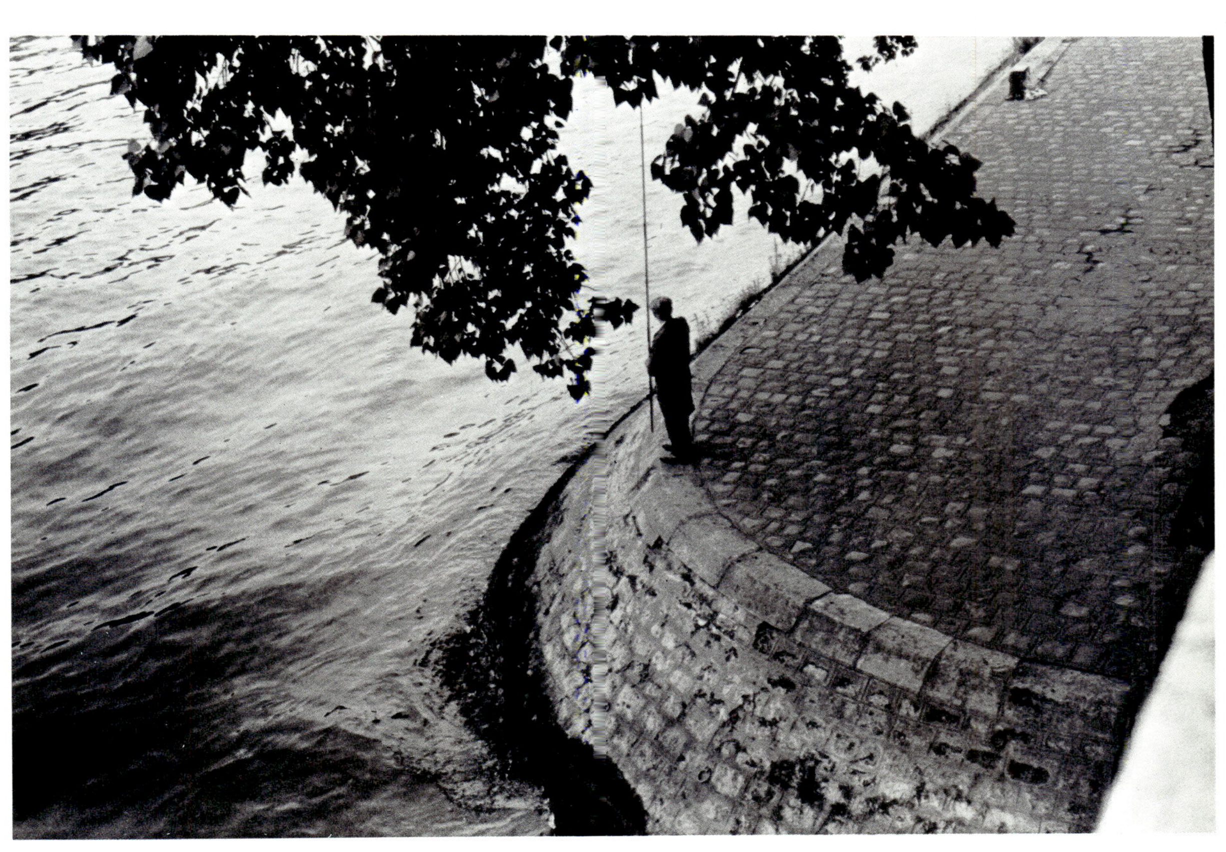

1. Paris *estate 1970*

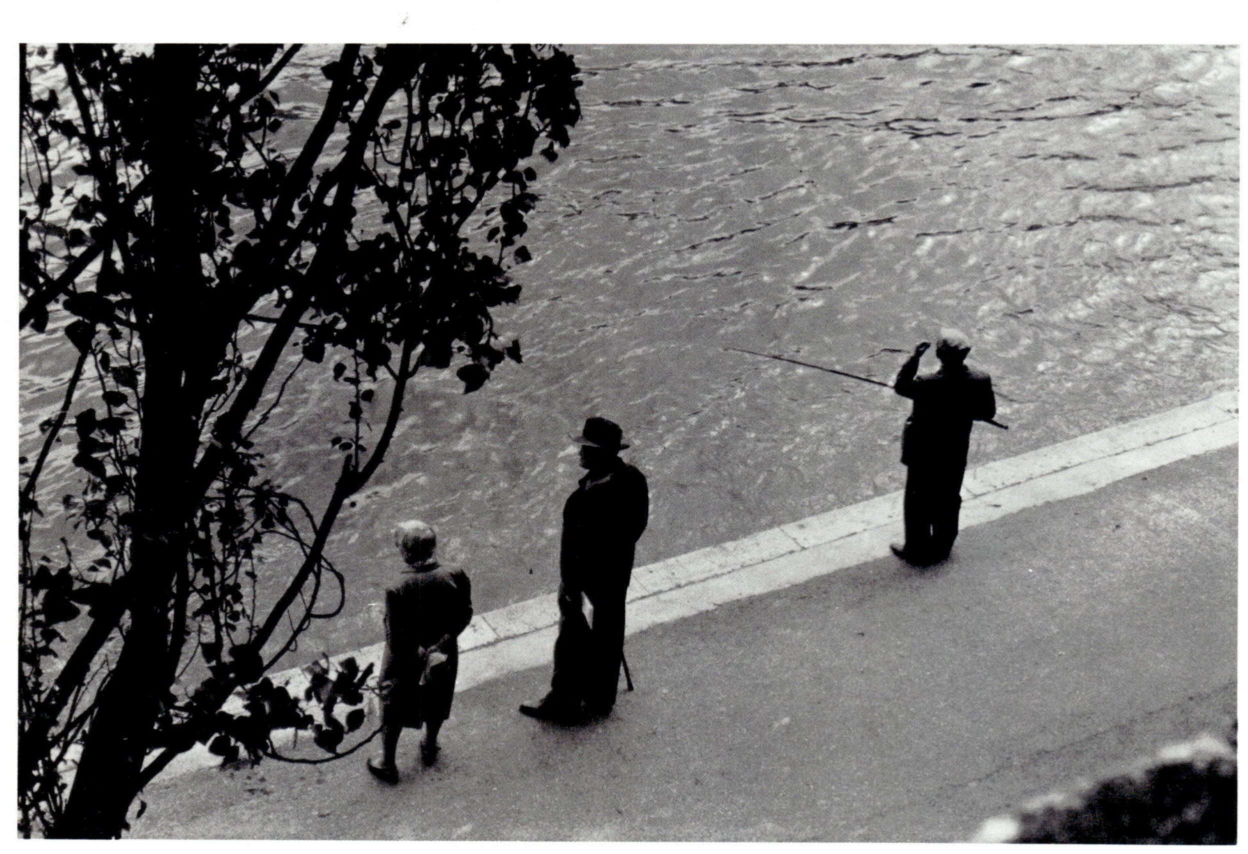

2. Paris *estate* 1970

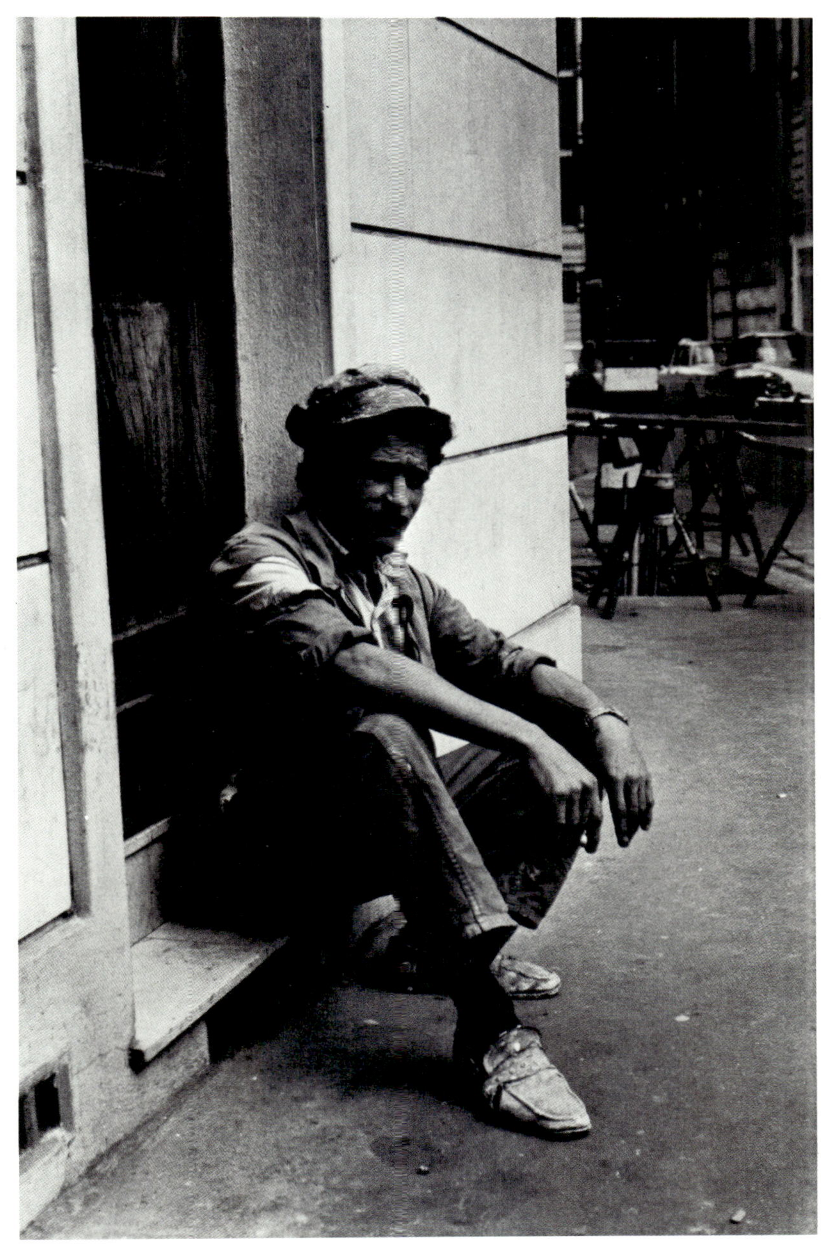

3. Paris *estate* 1970

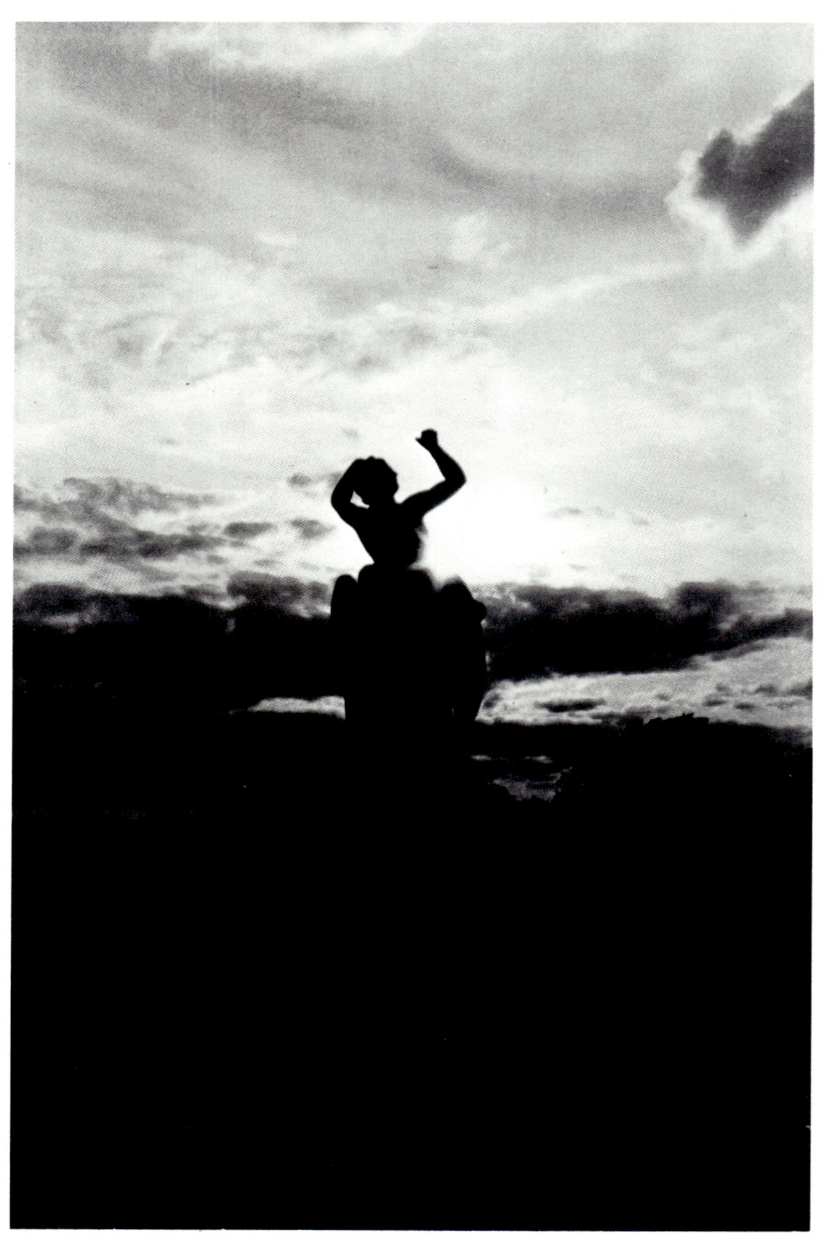

4. Paris *estate 1970*

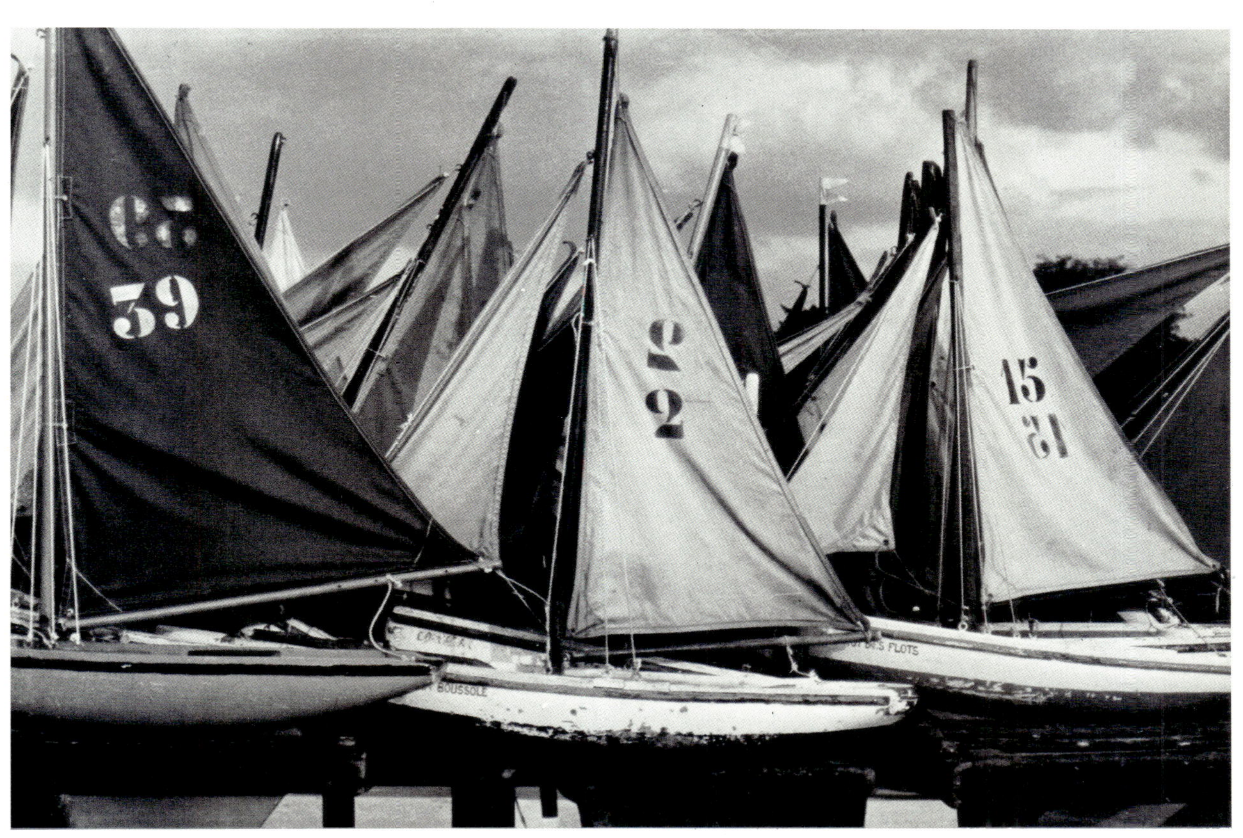

5. Paris *estate 1970*

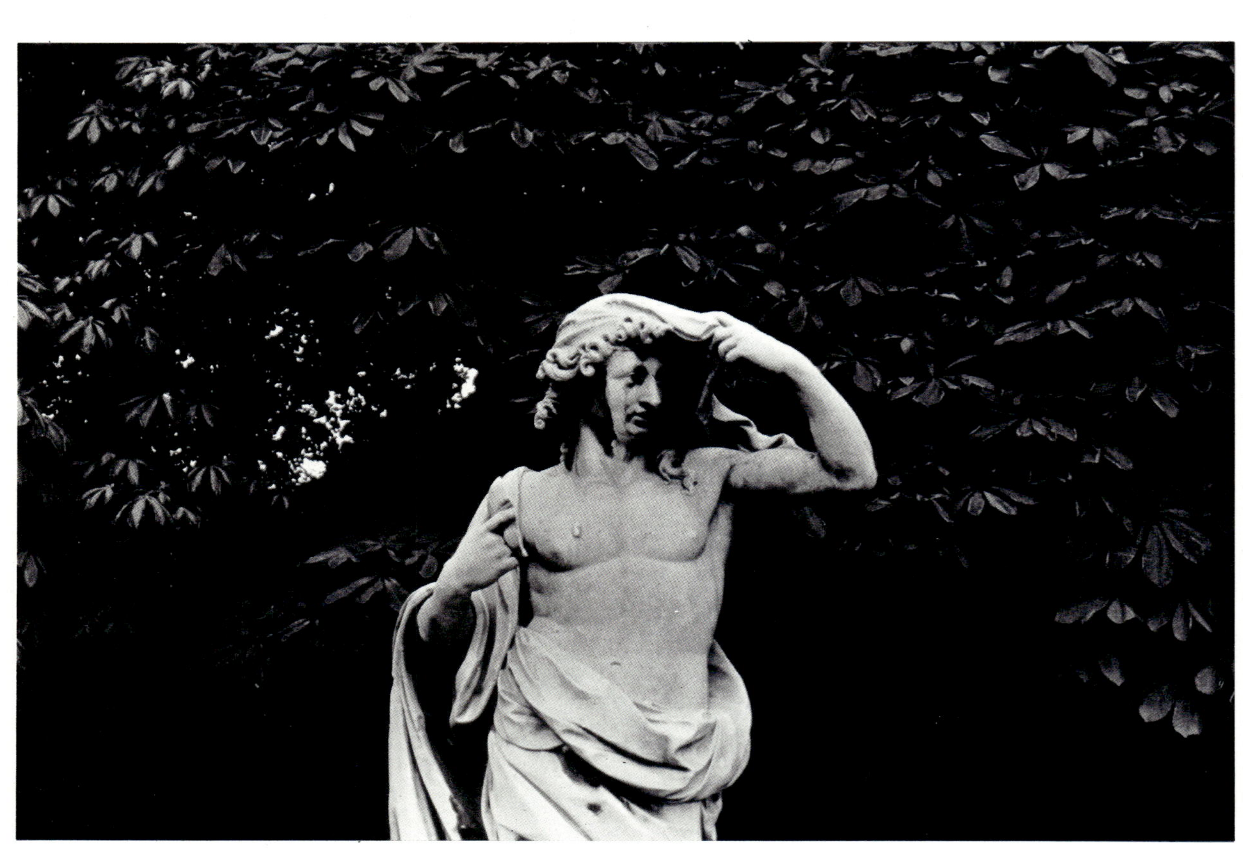

6. Paris *estate 1970*

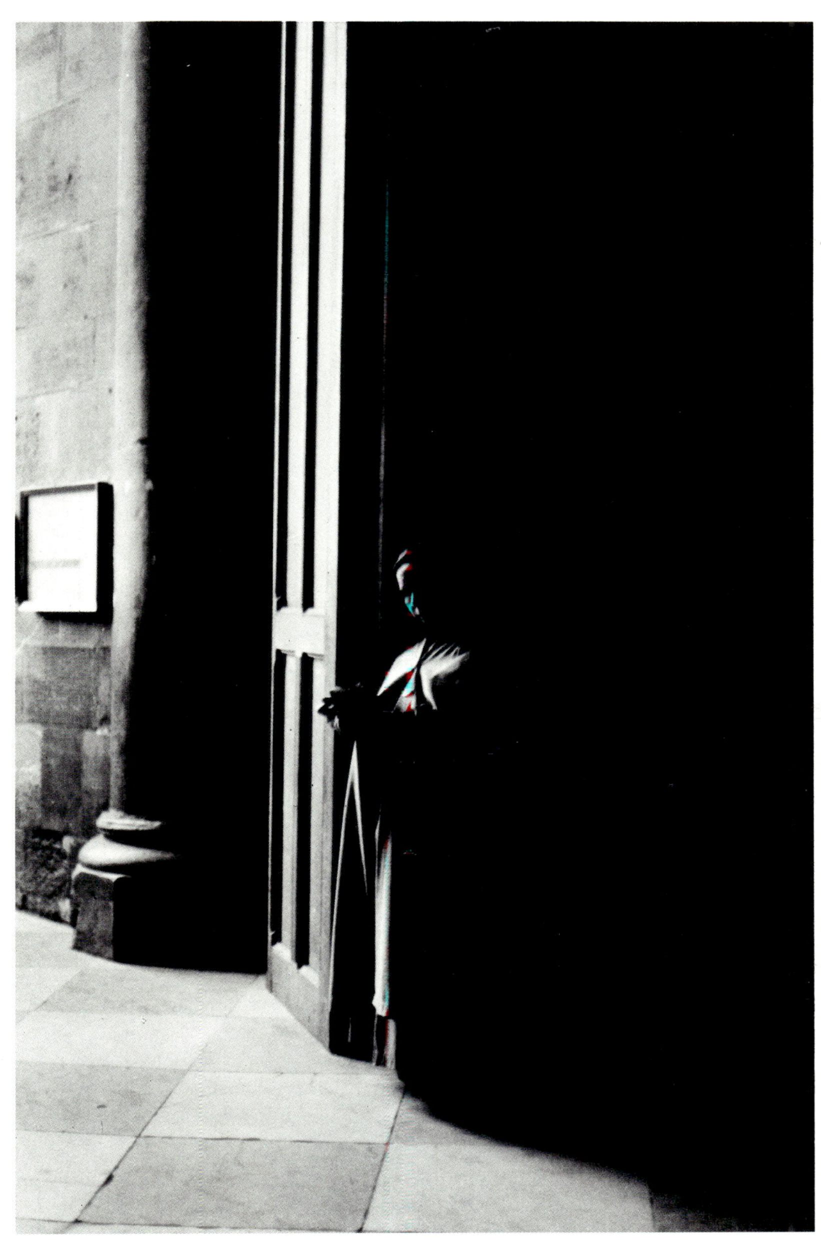

7. Paris *estate* 1970

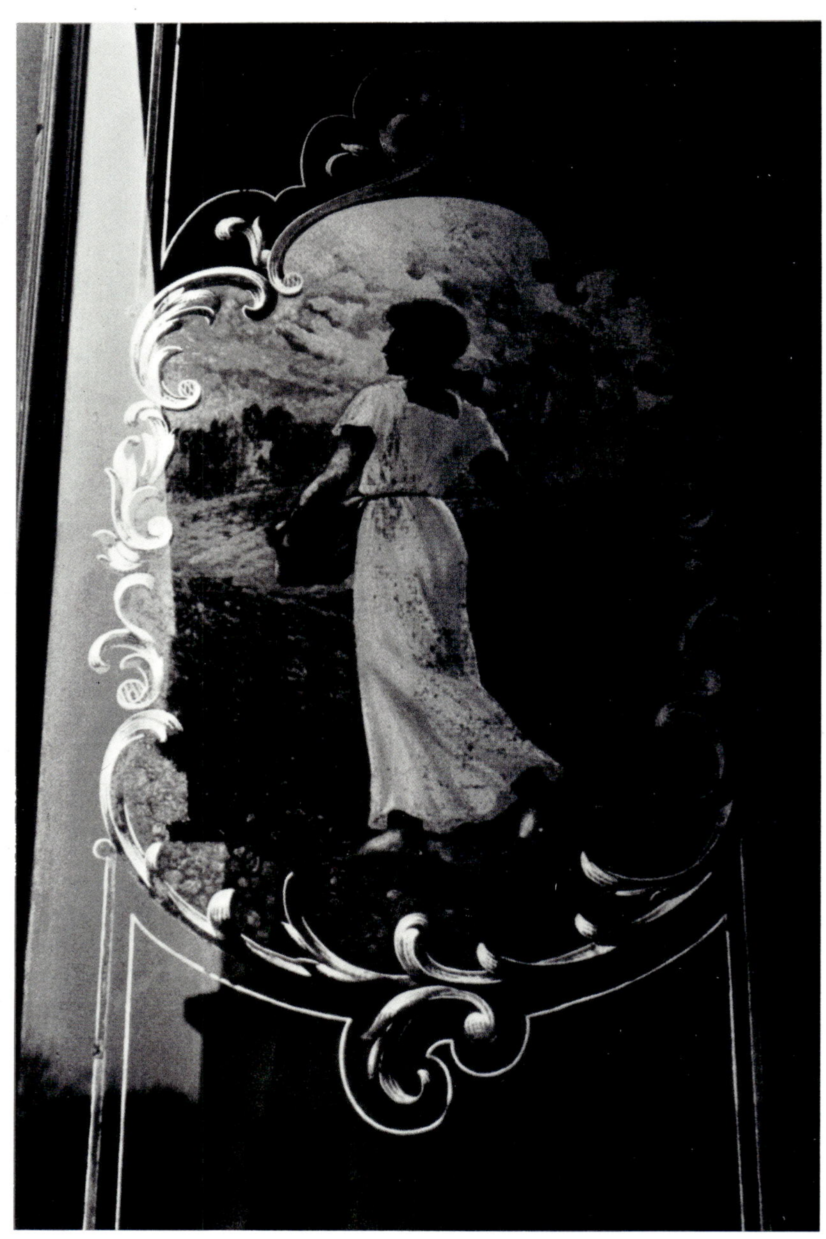

8. Paris *dicembre 1973*

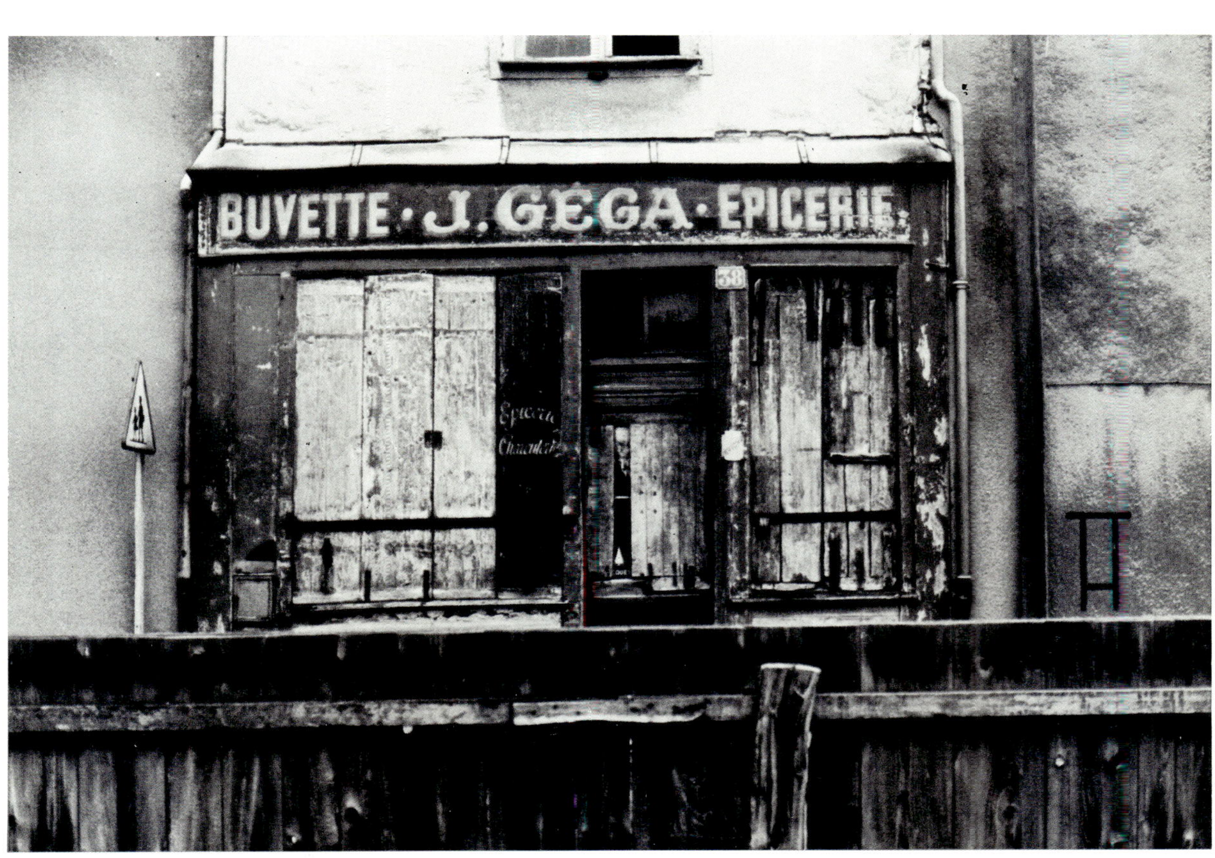

9. Chartres *dicembre 1973*

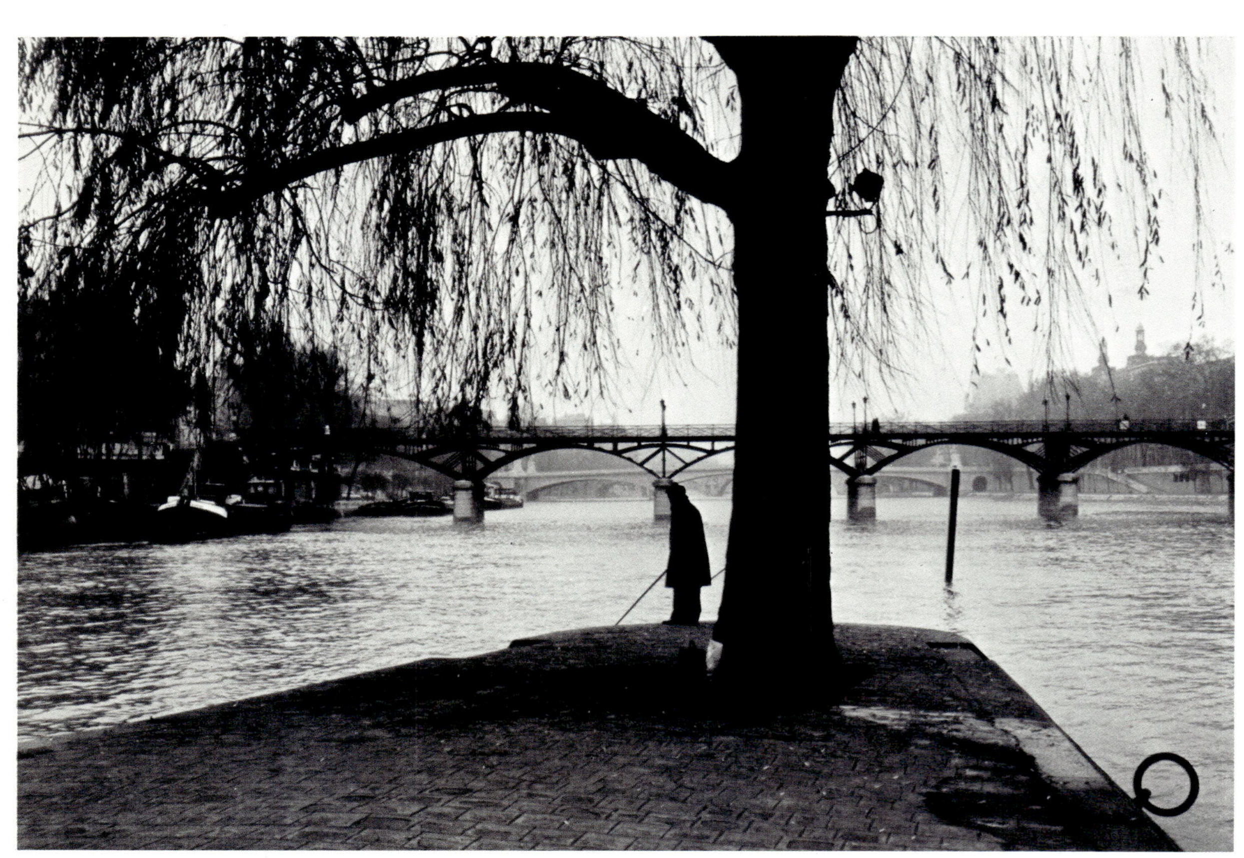

10. Paris *dicembre 1973*

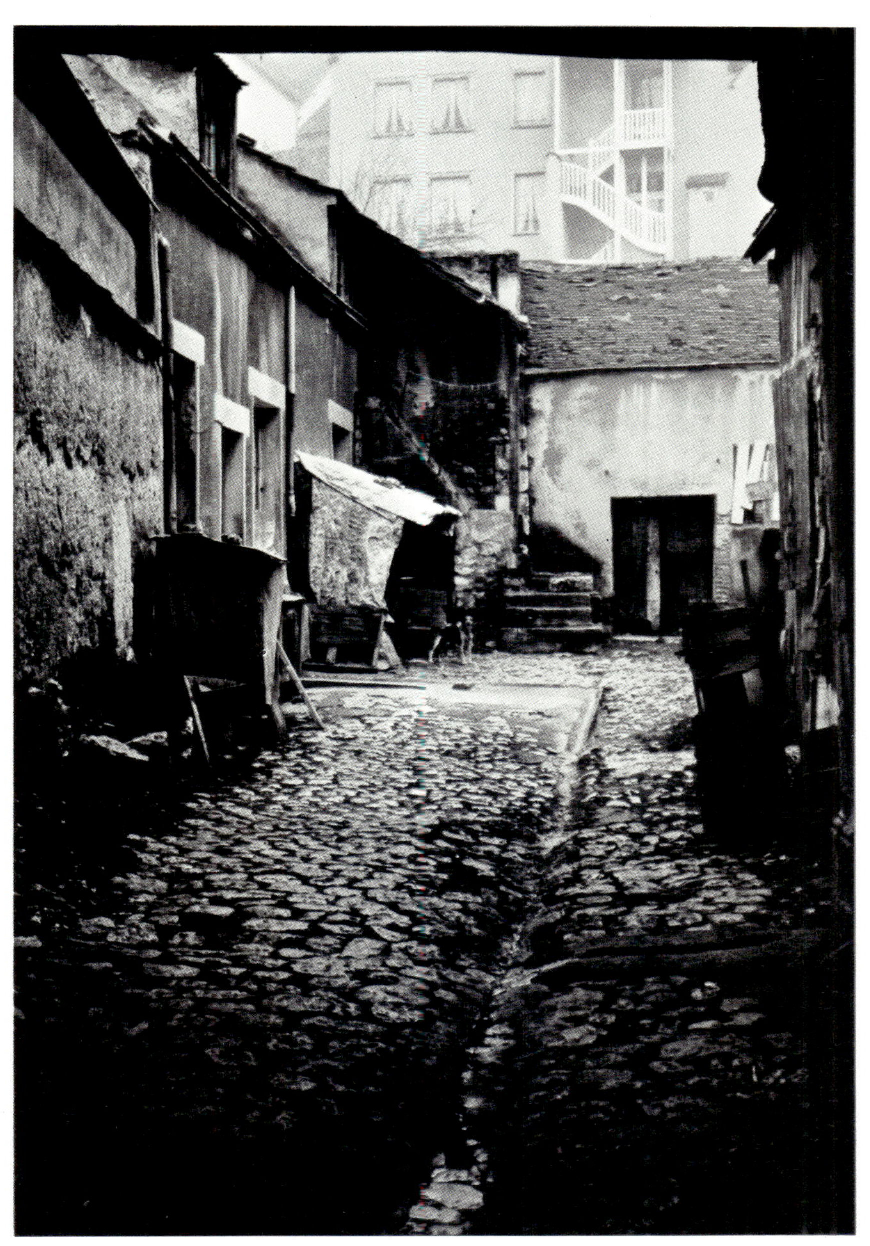

11. Chartres *dicembre 1973*

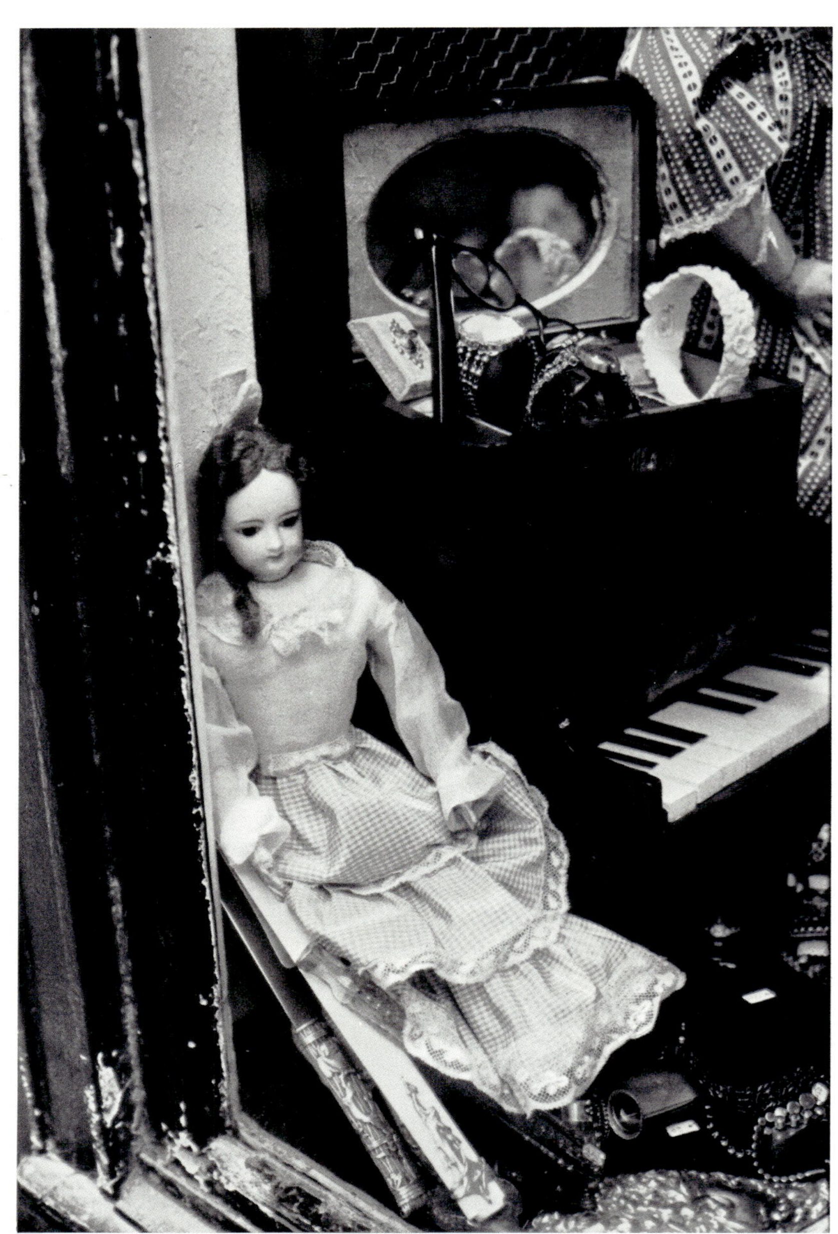

12. Paris *dicembre 1973*

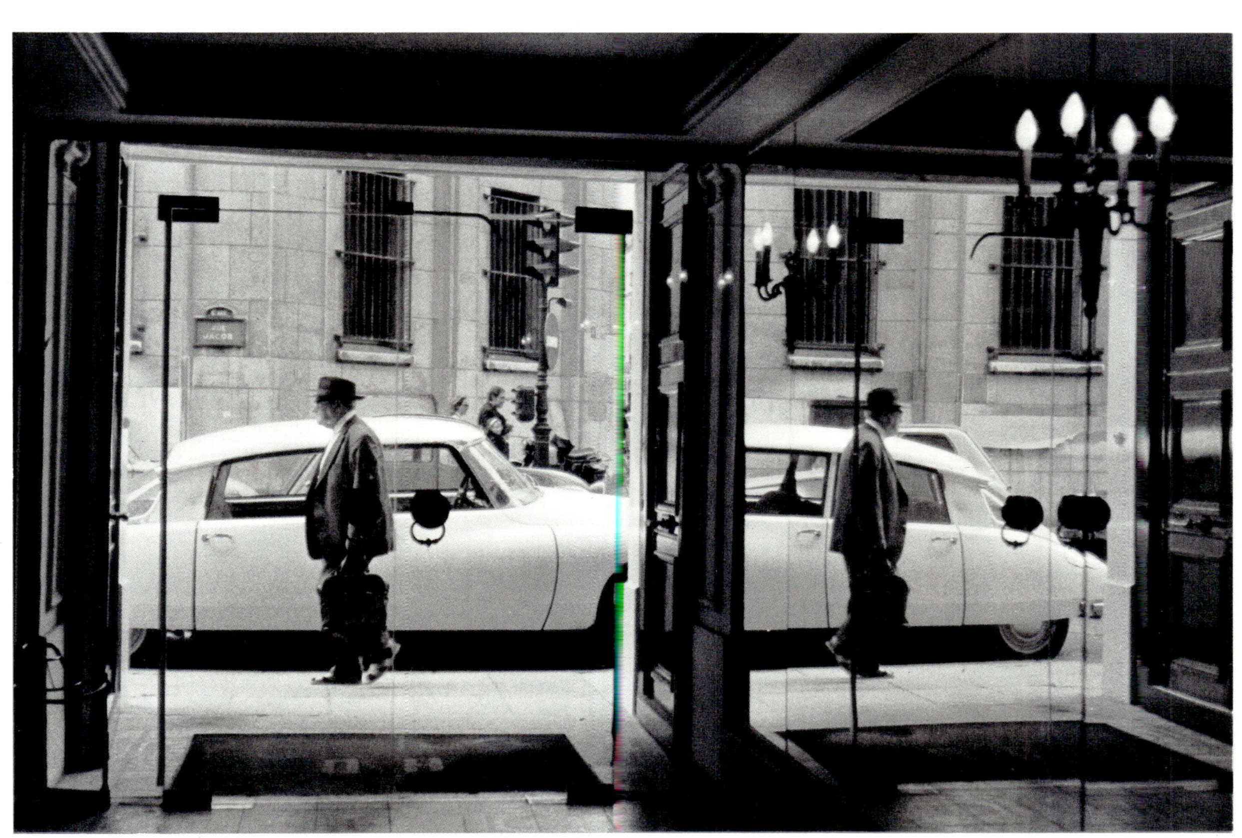

13. Paris *estate 1970*

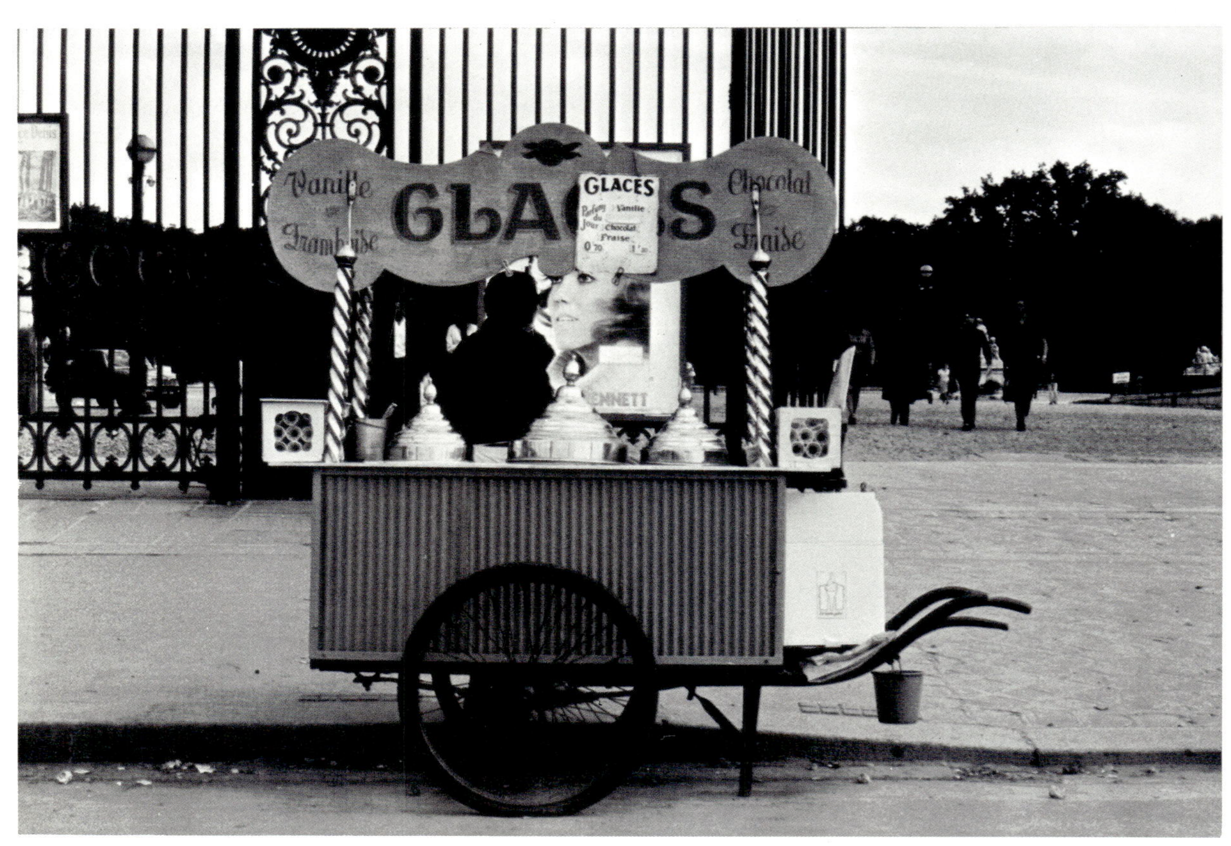

14. Paris *estate 1970*

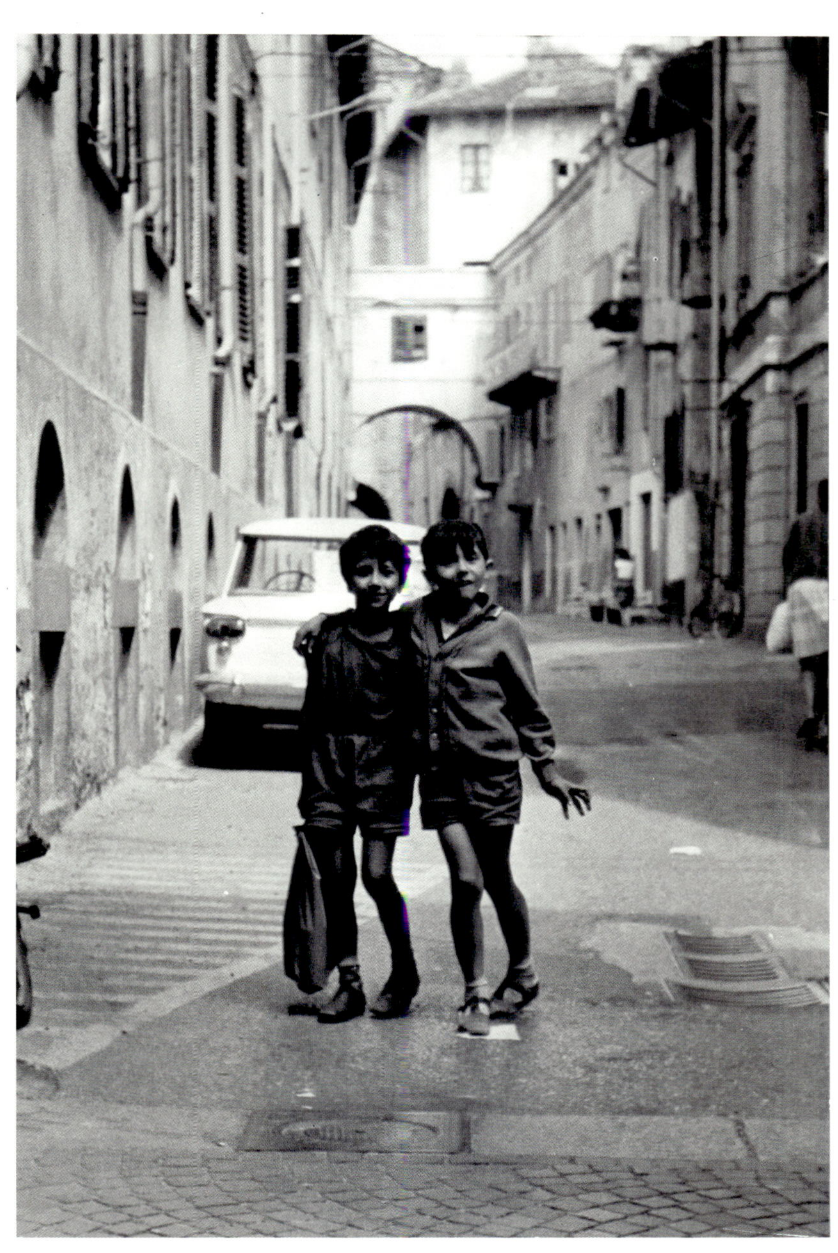

15. Ivrea *estate 1969*

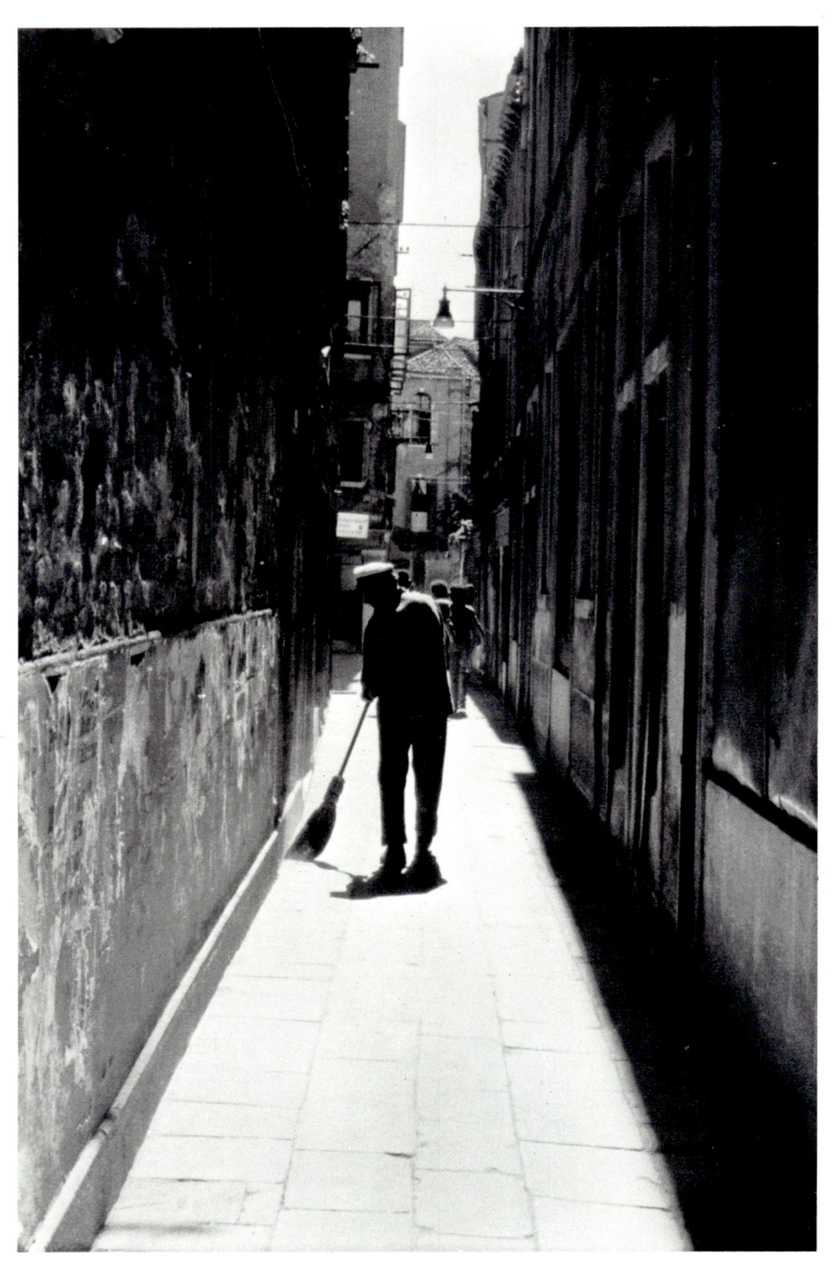

16. Venezia *estate 1970*

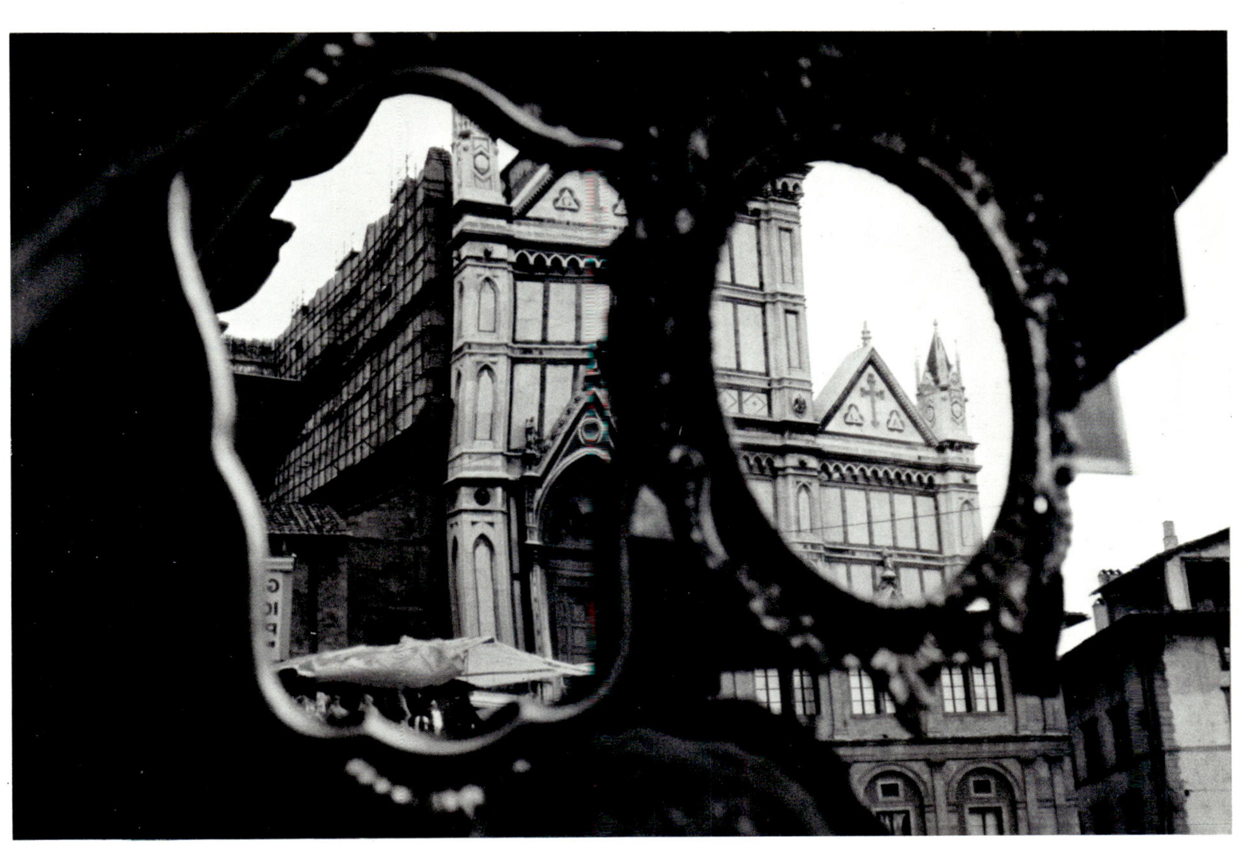

17. Firenze *estate 1970*

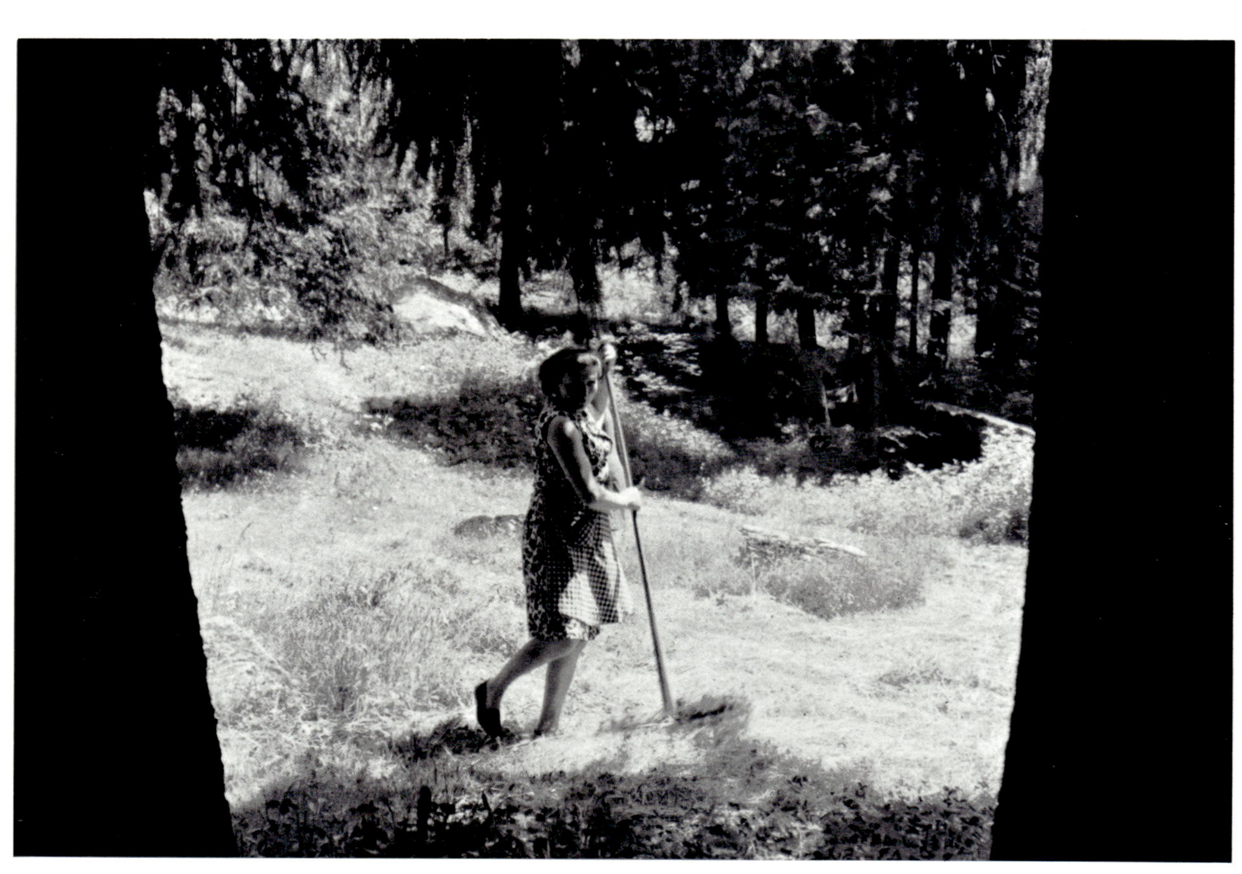

18. Valle d'Aosta *estate 1970*

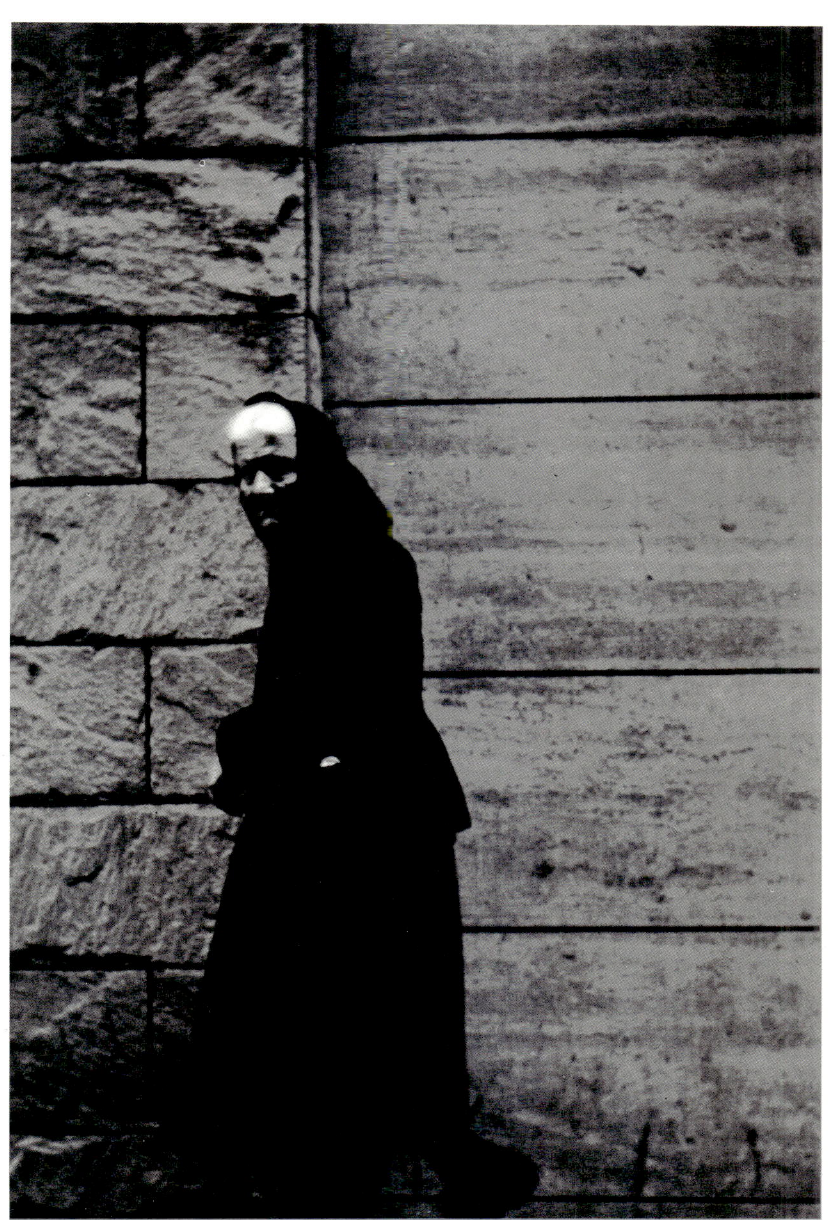

19. Ivrea *estate 1969*

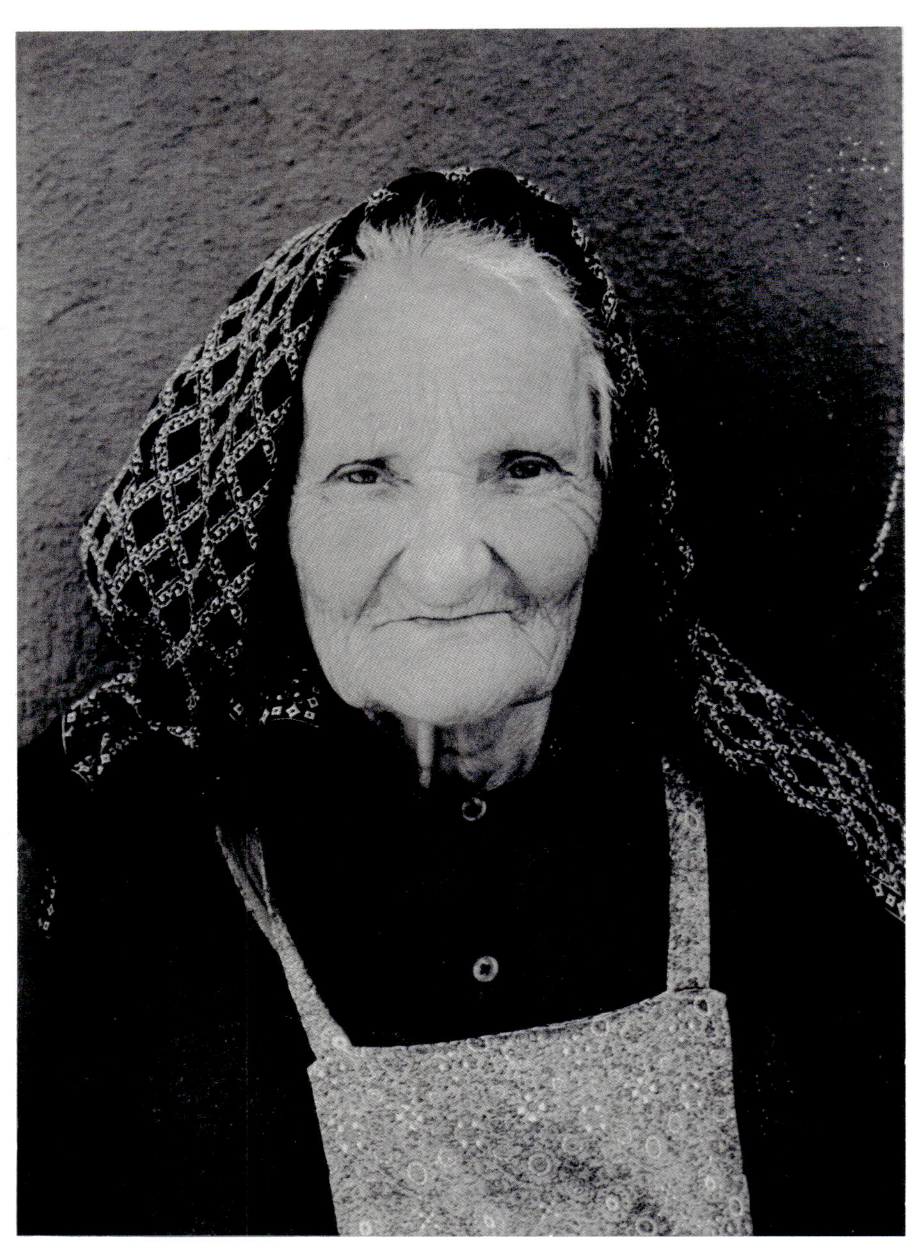

20. Burano *estate 1970*

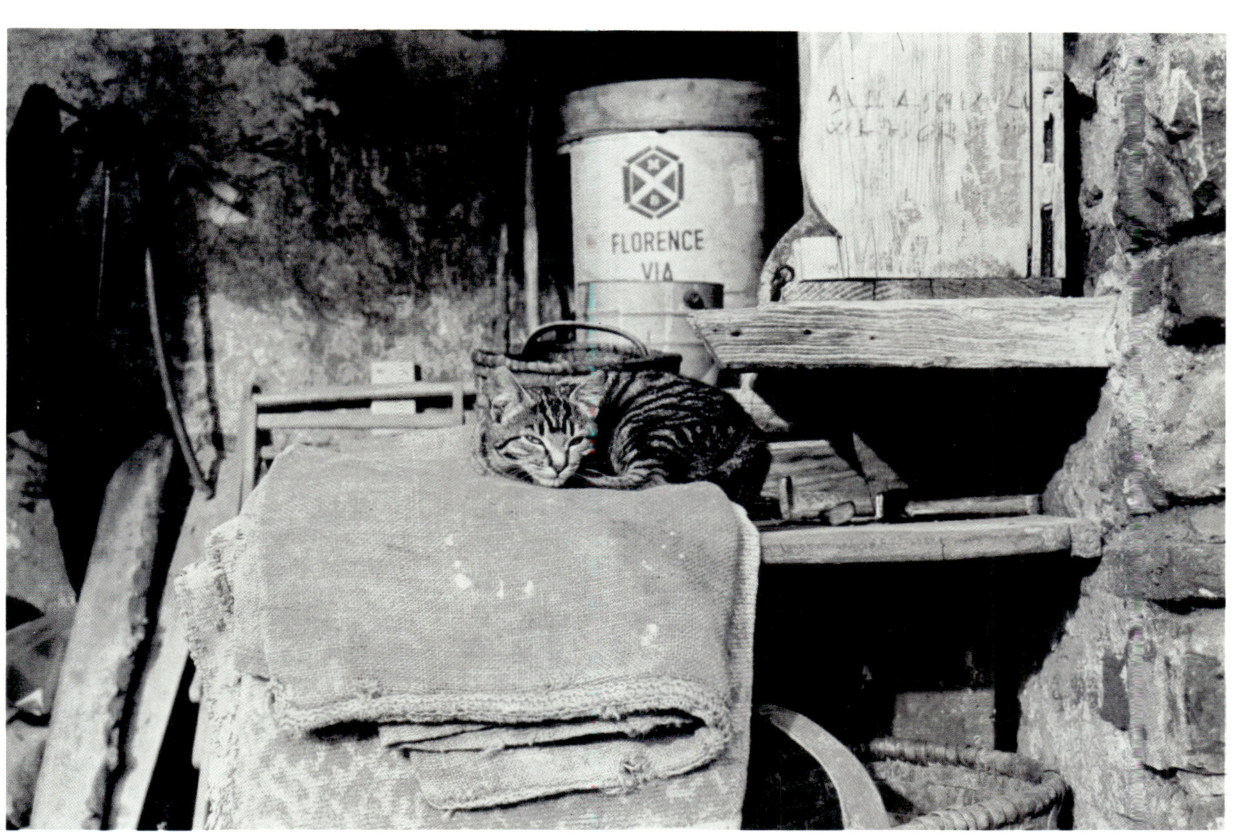

21. Firenze *gennaio 1972*

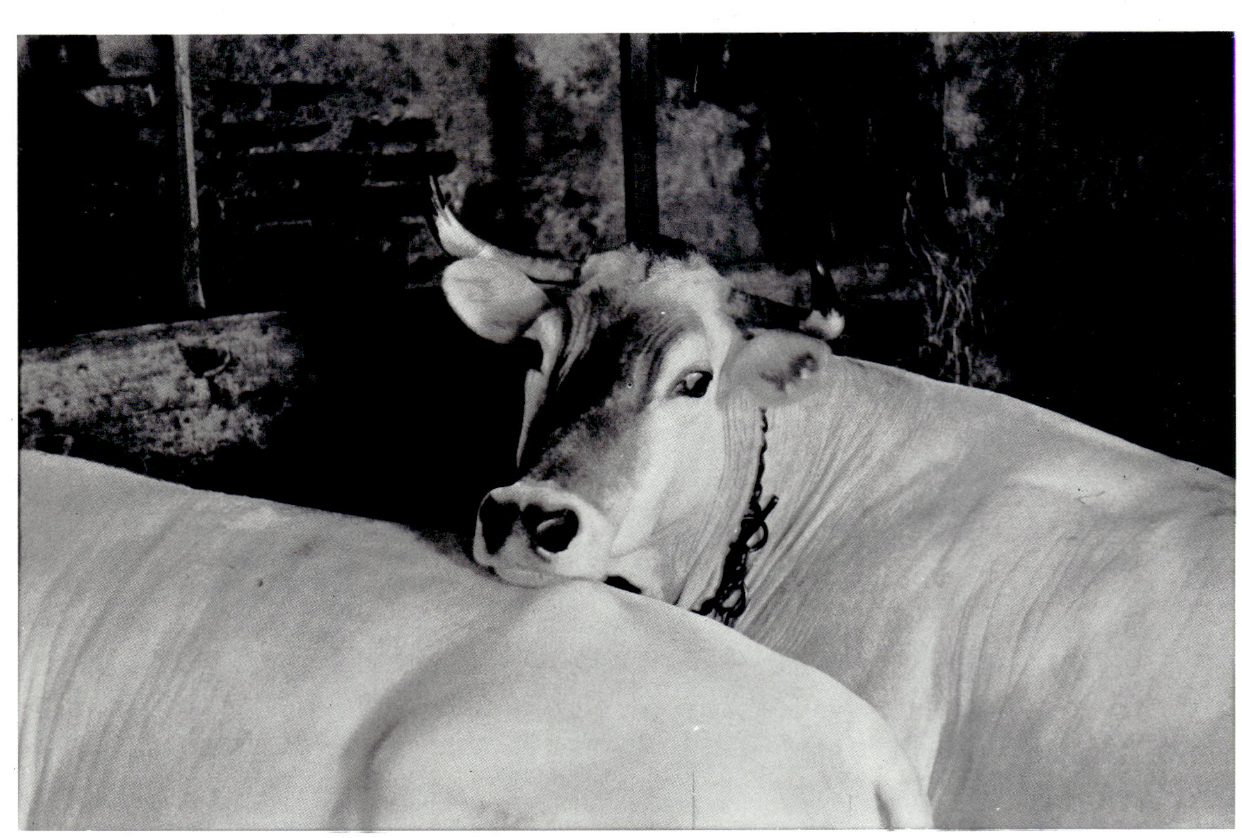

22. Settimo Rottaro *estate 1970*

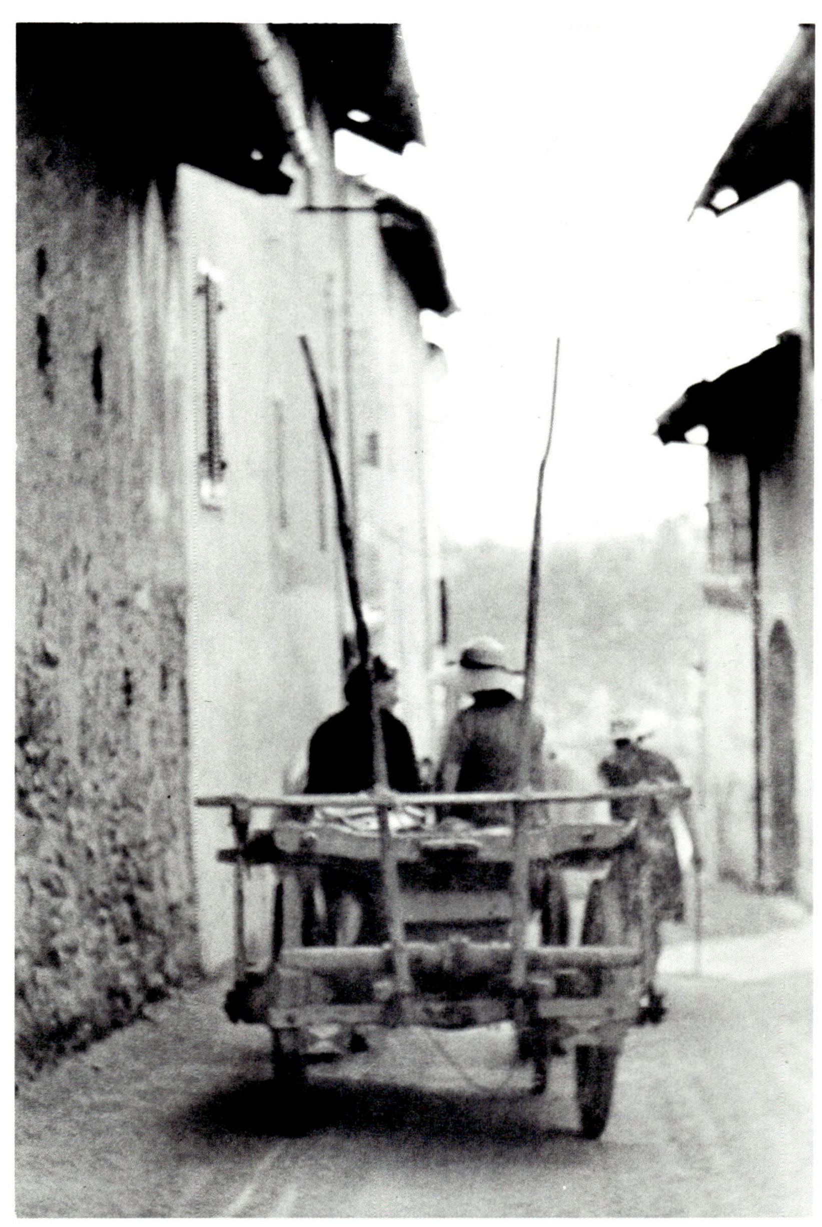

23. Settimo Rottaro *estate 1969*

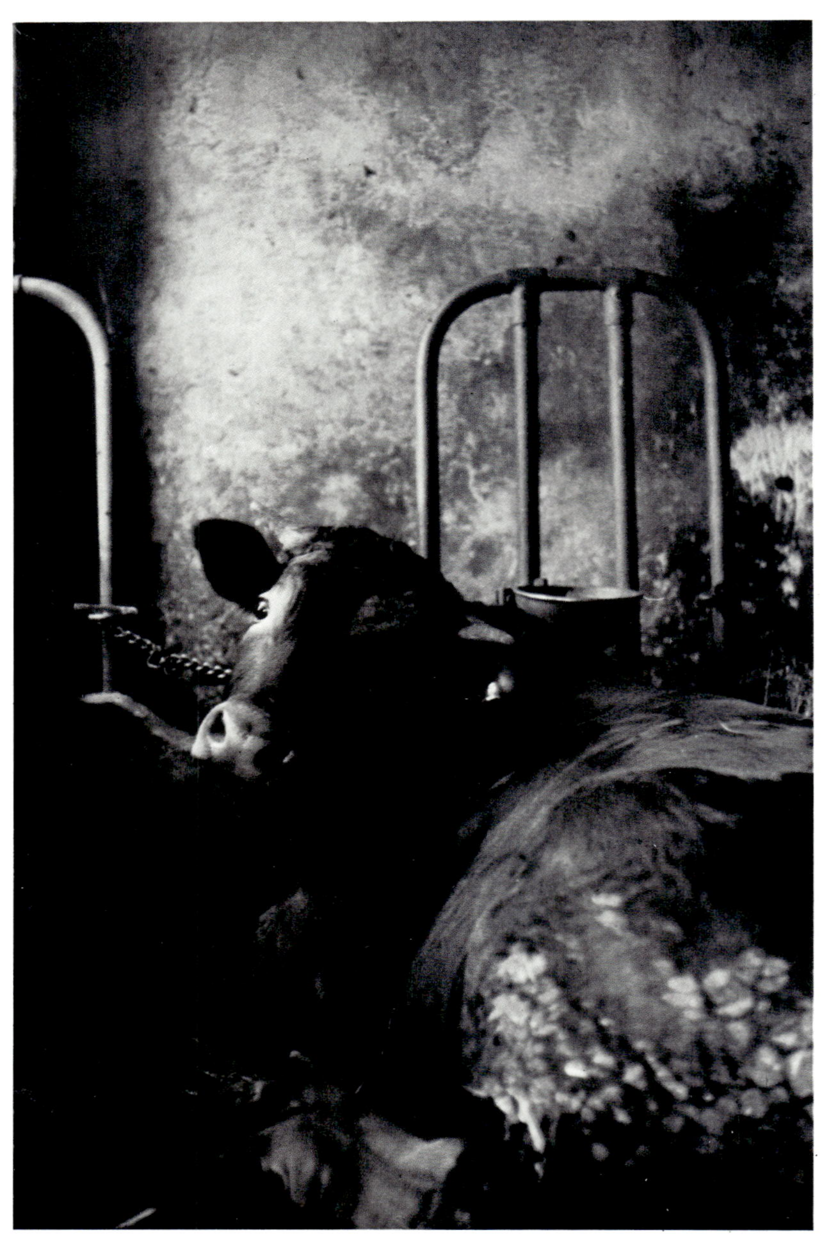

24. Settimo Rottaro *estate 1970*

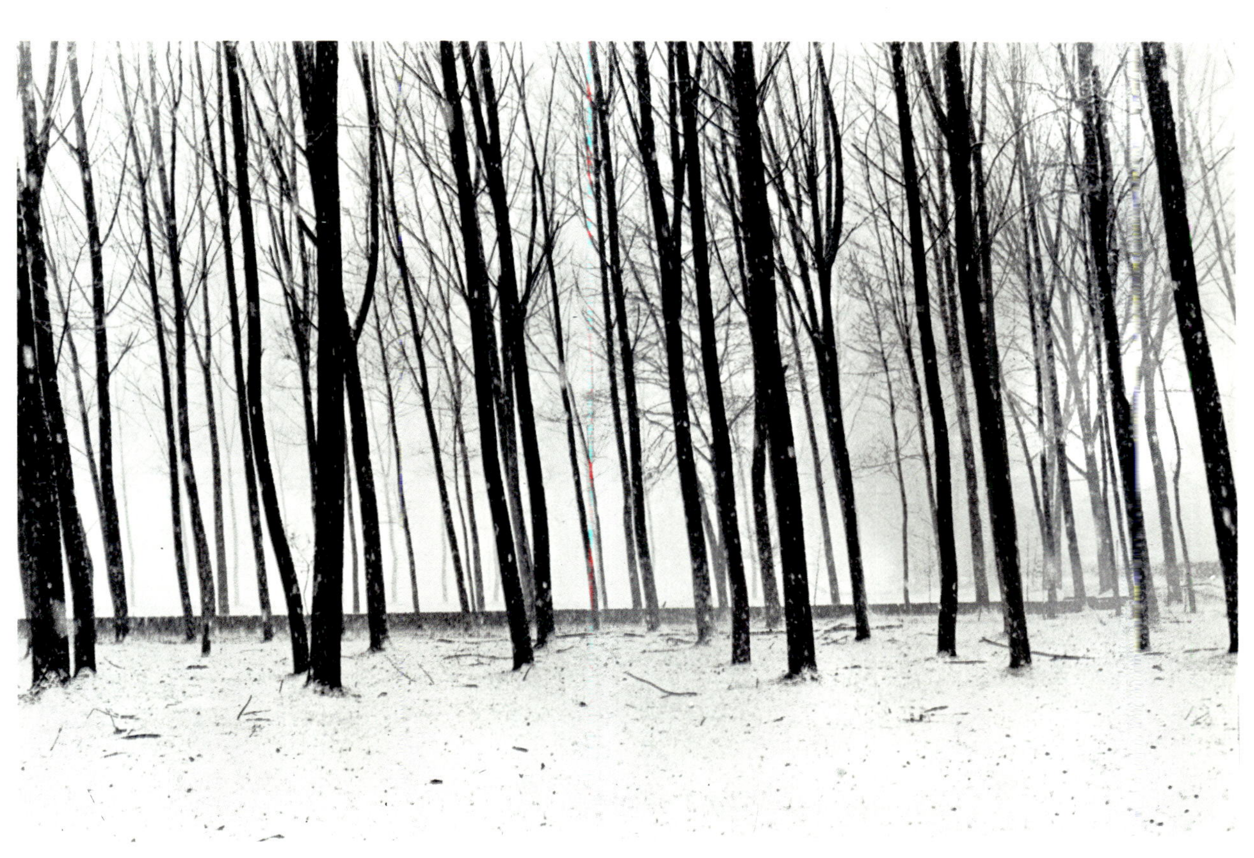

25. Settimo Rottaro *gennaio 1972*

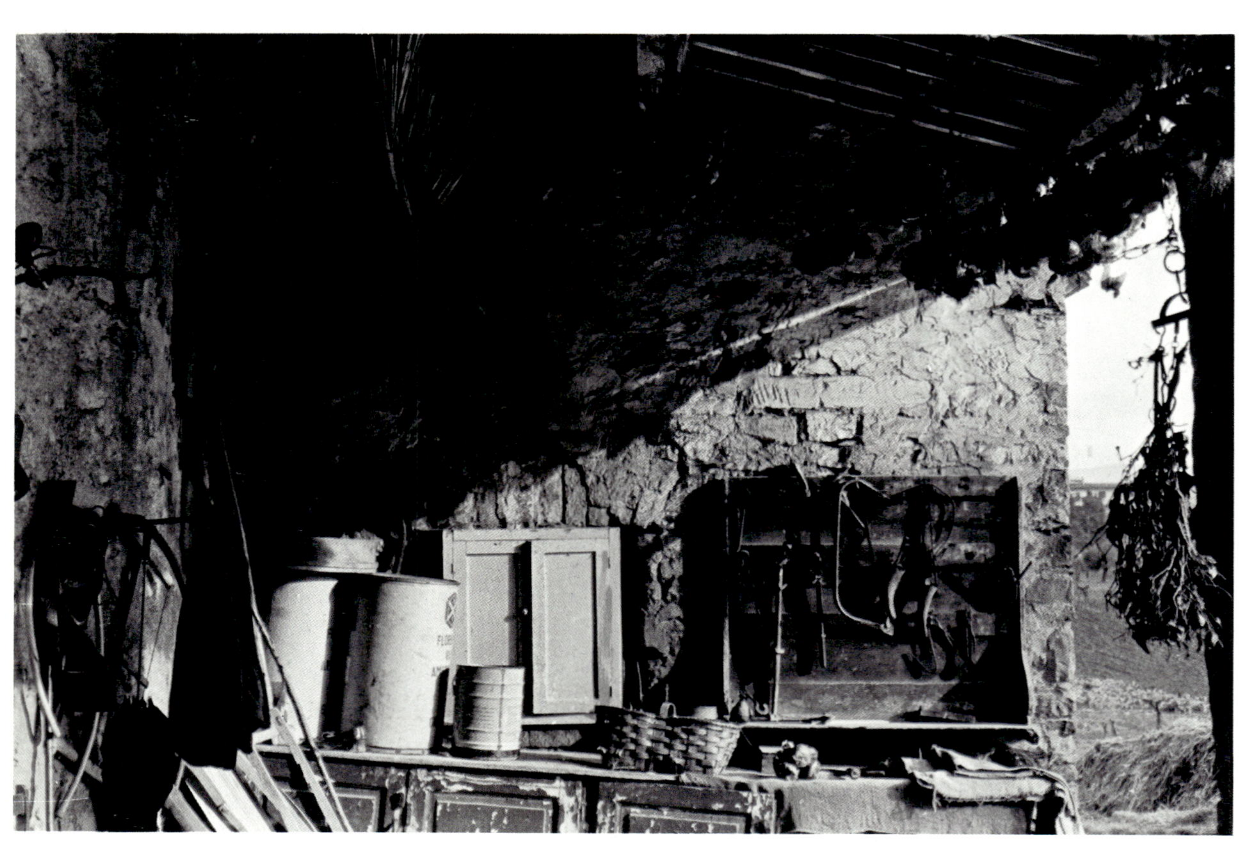

26. Firenze *gennaio 1972*

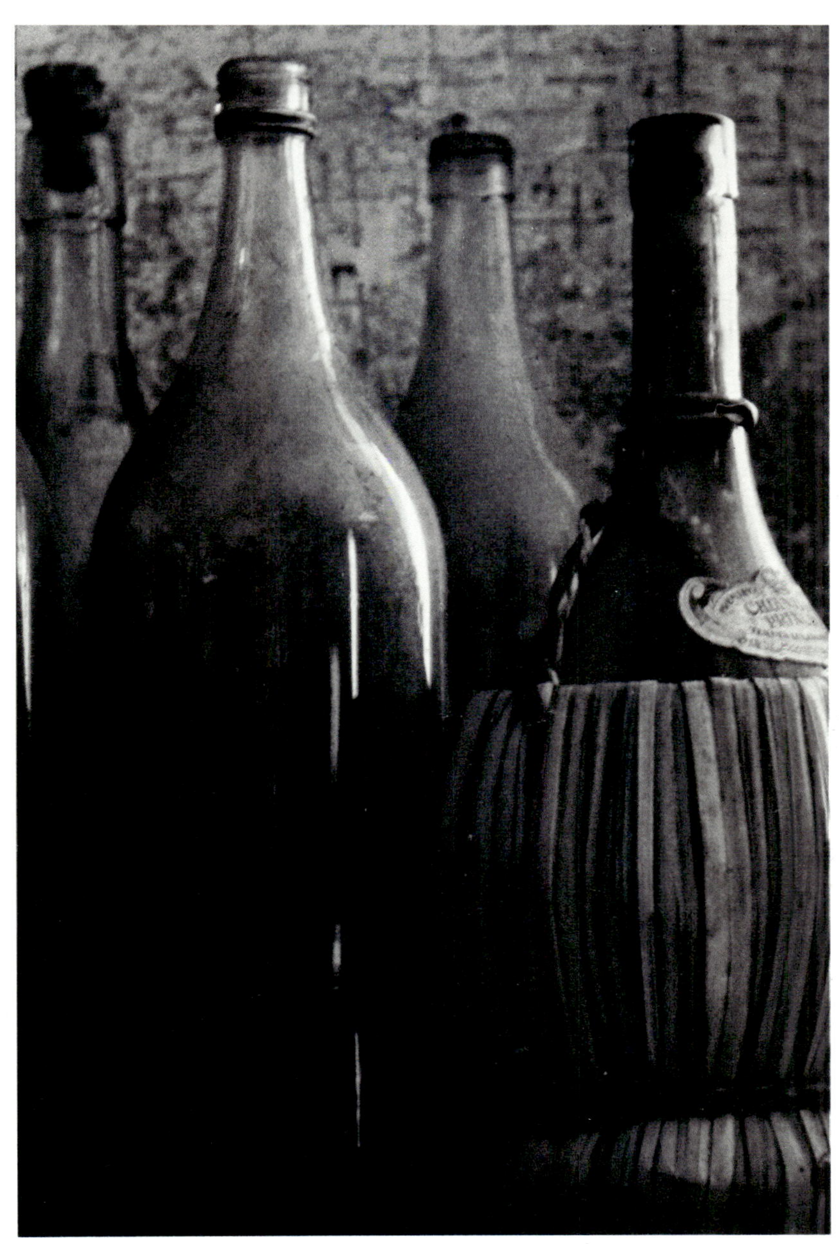

27. Settimo Rottaro *estate 1969*

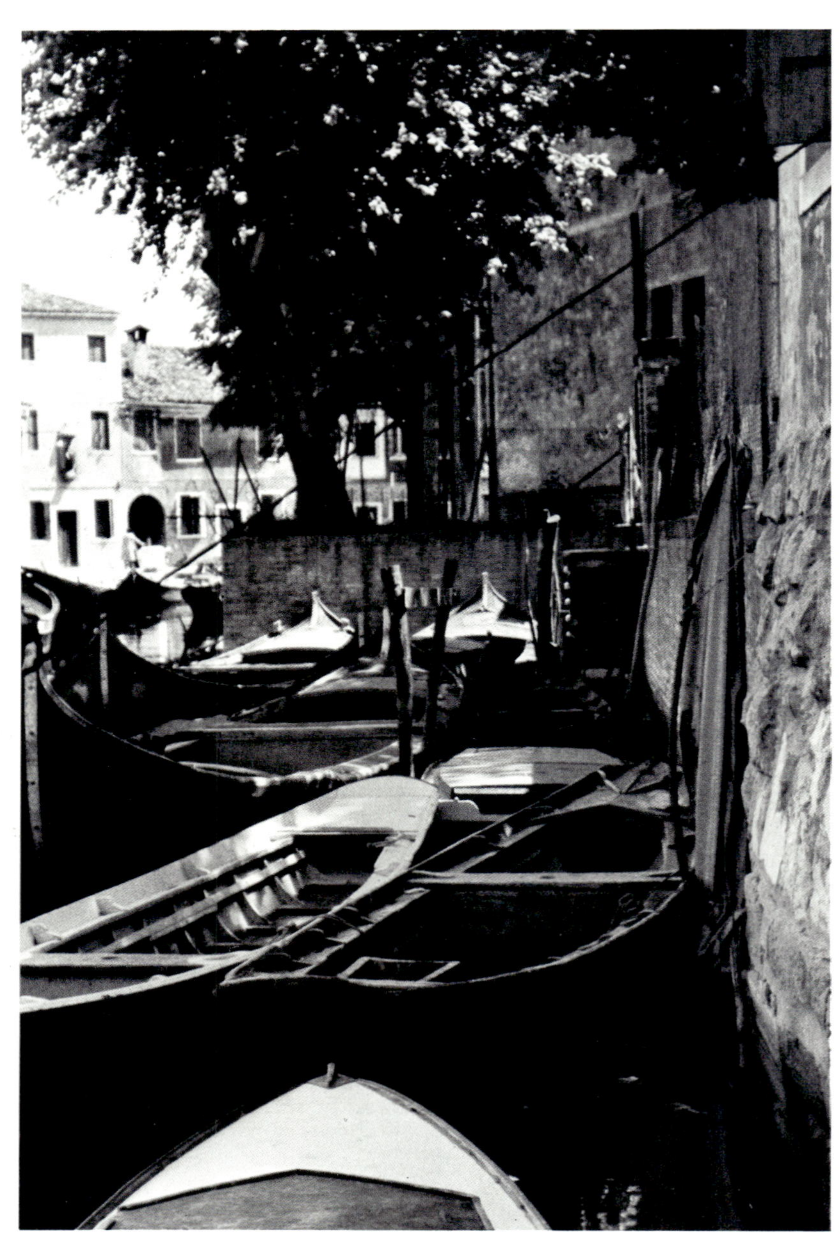

28. Burano *estate 1970*

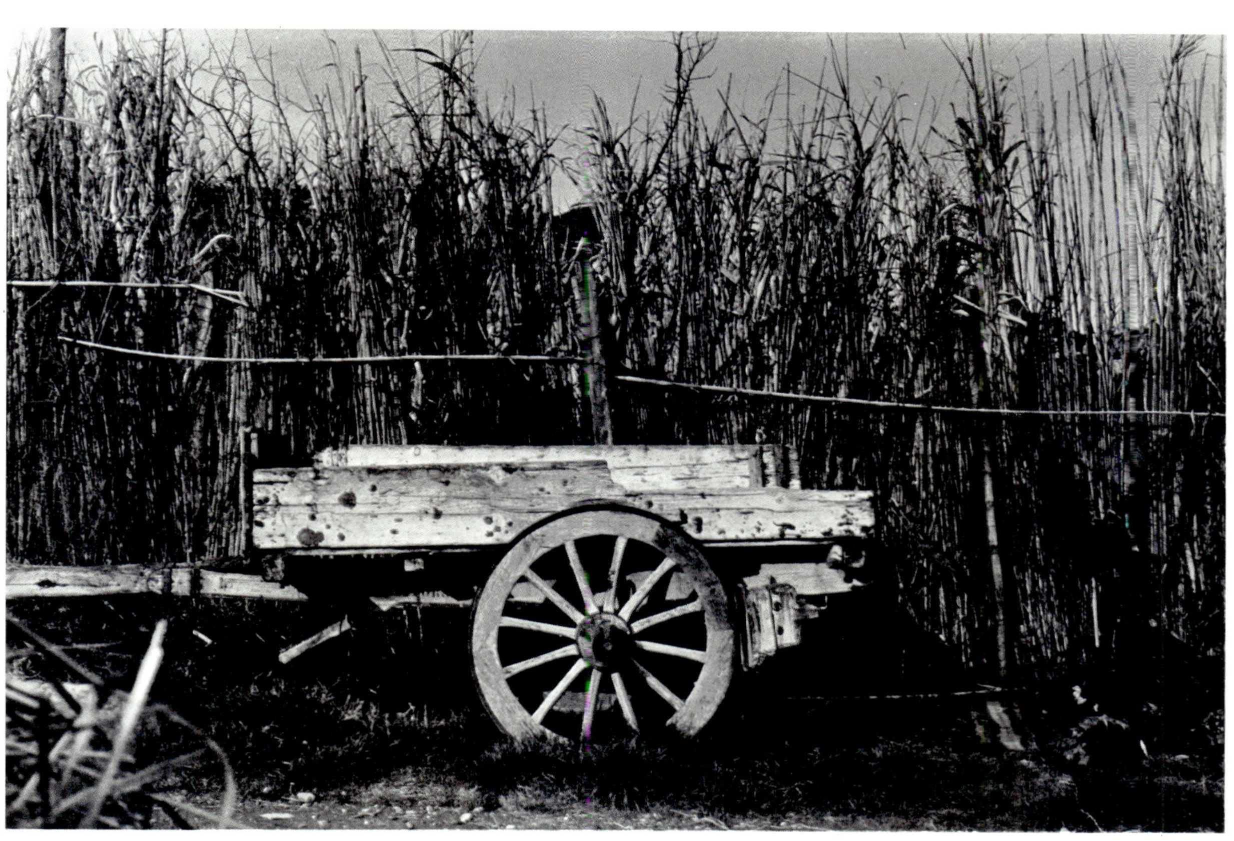

29. Firenze *gennaio 1972*

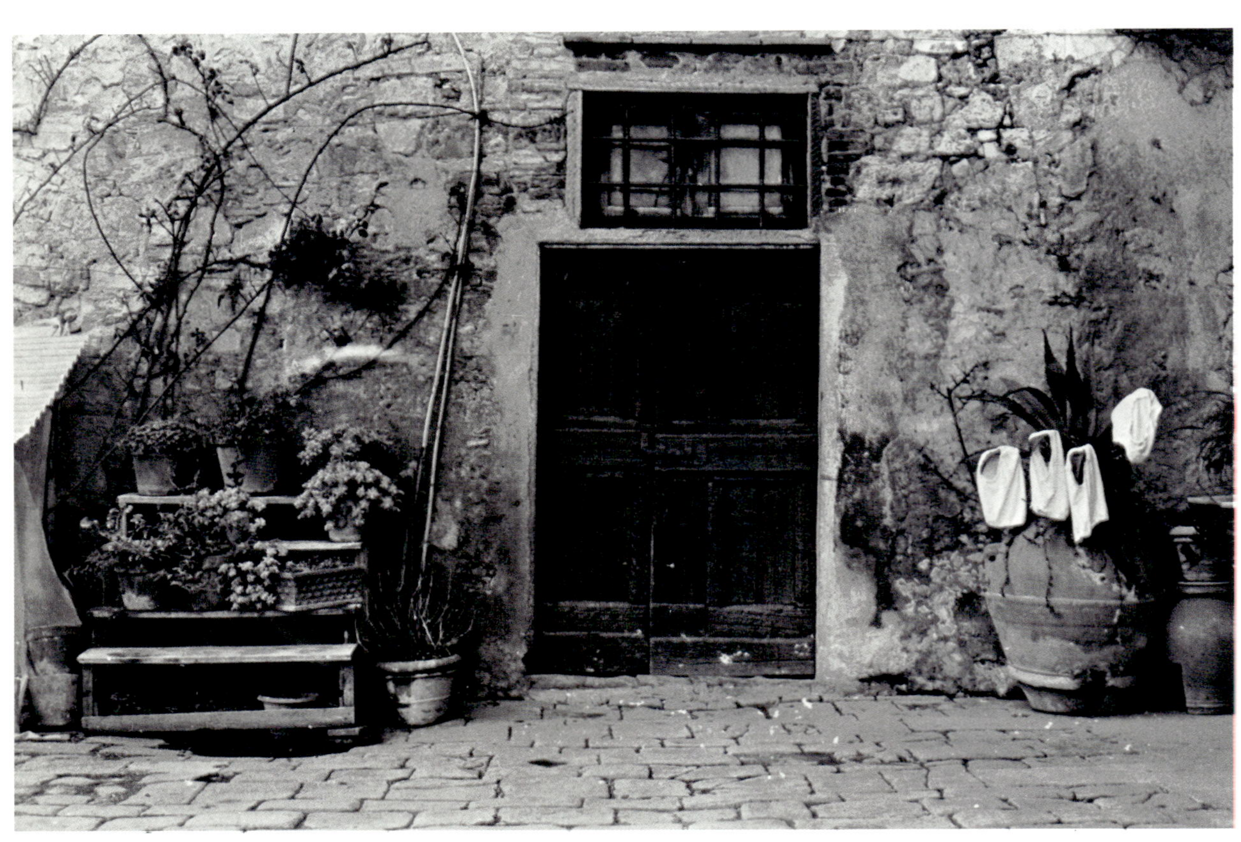

30. Firenze *gennaio 1972*

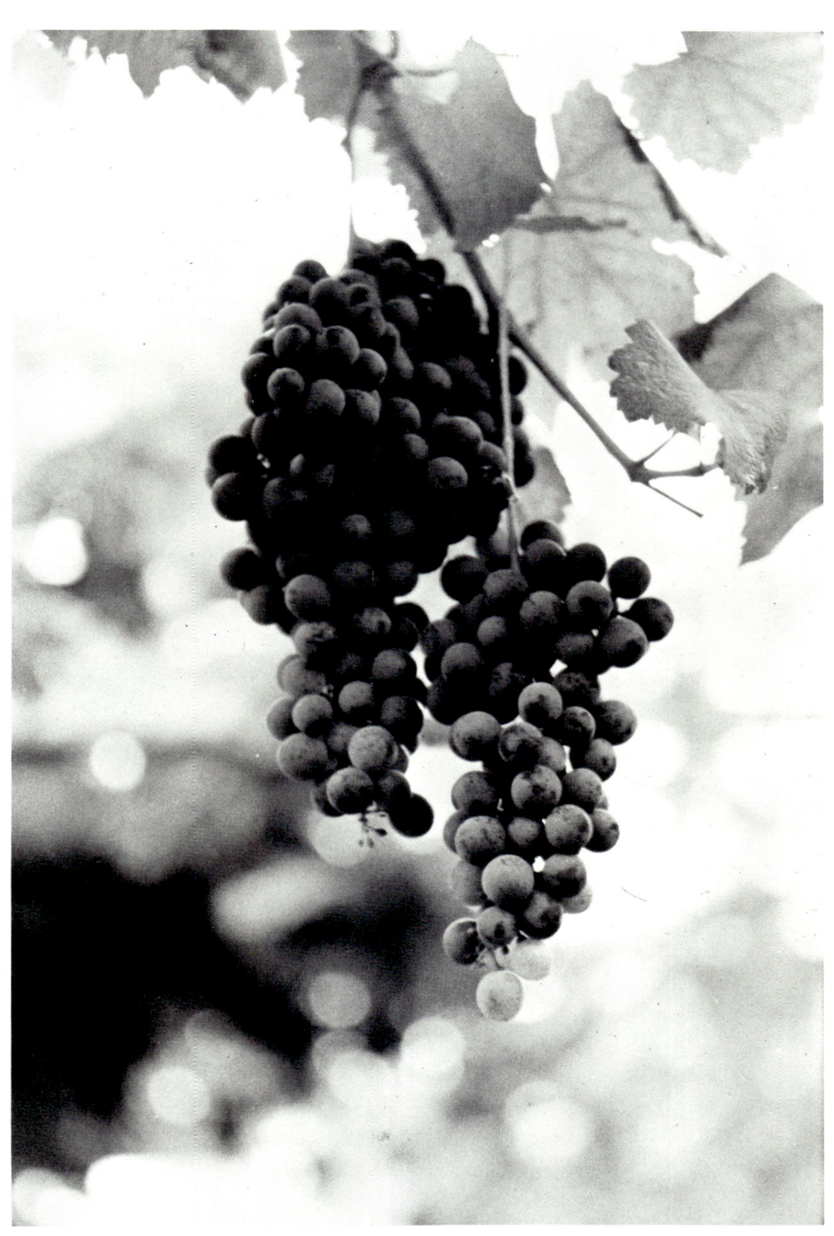

31. Settimo Rottaro *estate 1969*

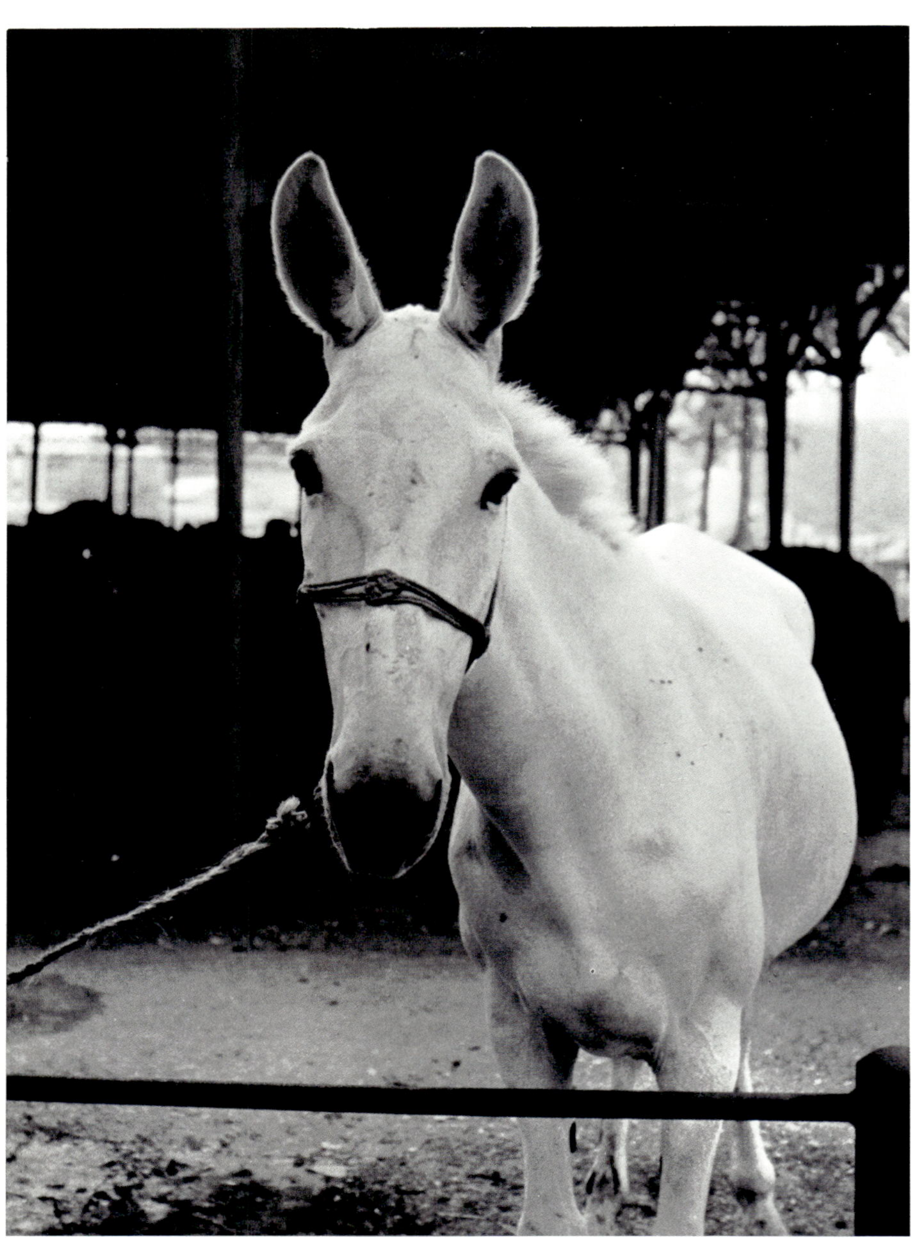

32. Ivrea *estate 1970*

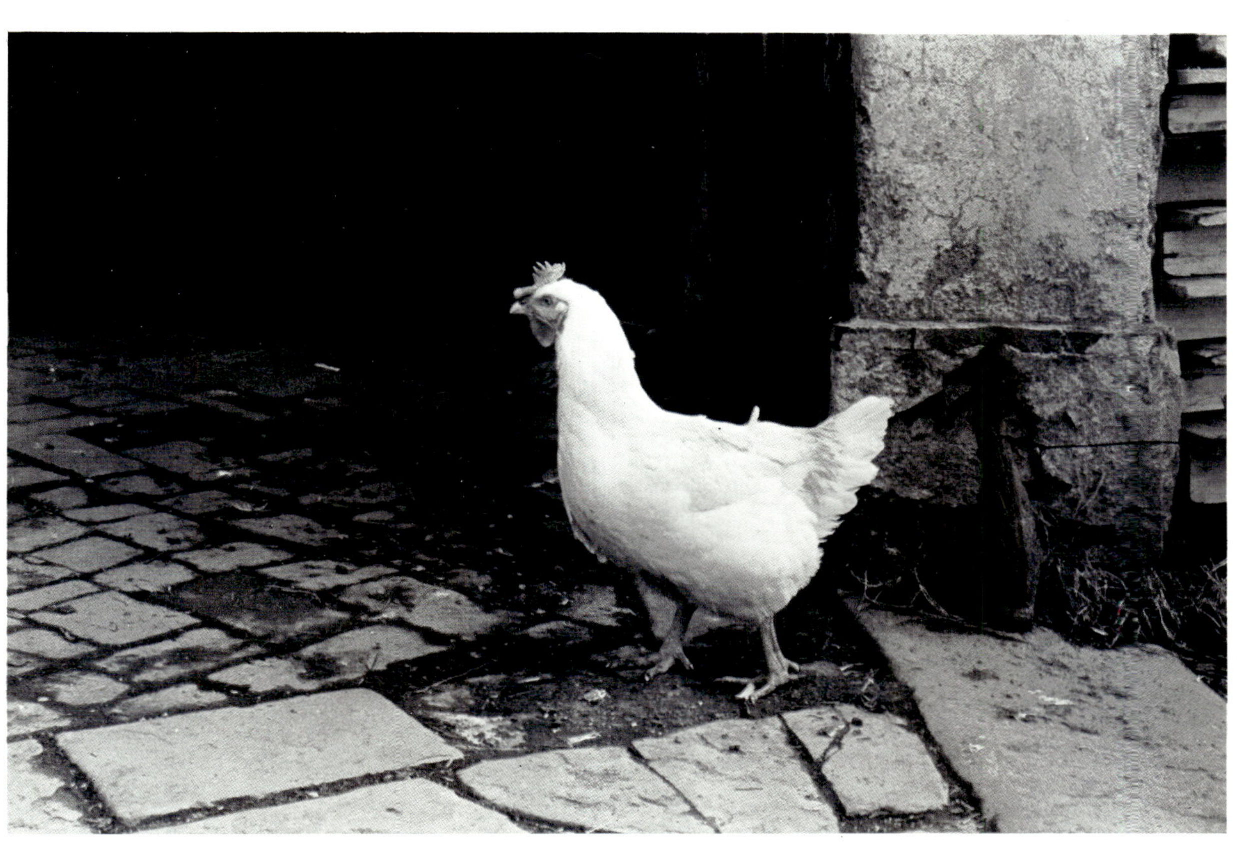

33. Firenze *gennaio 1972*

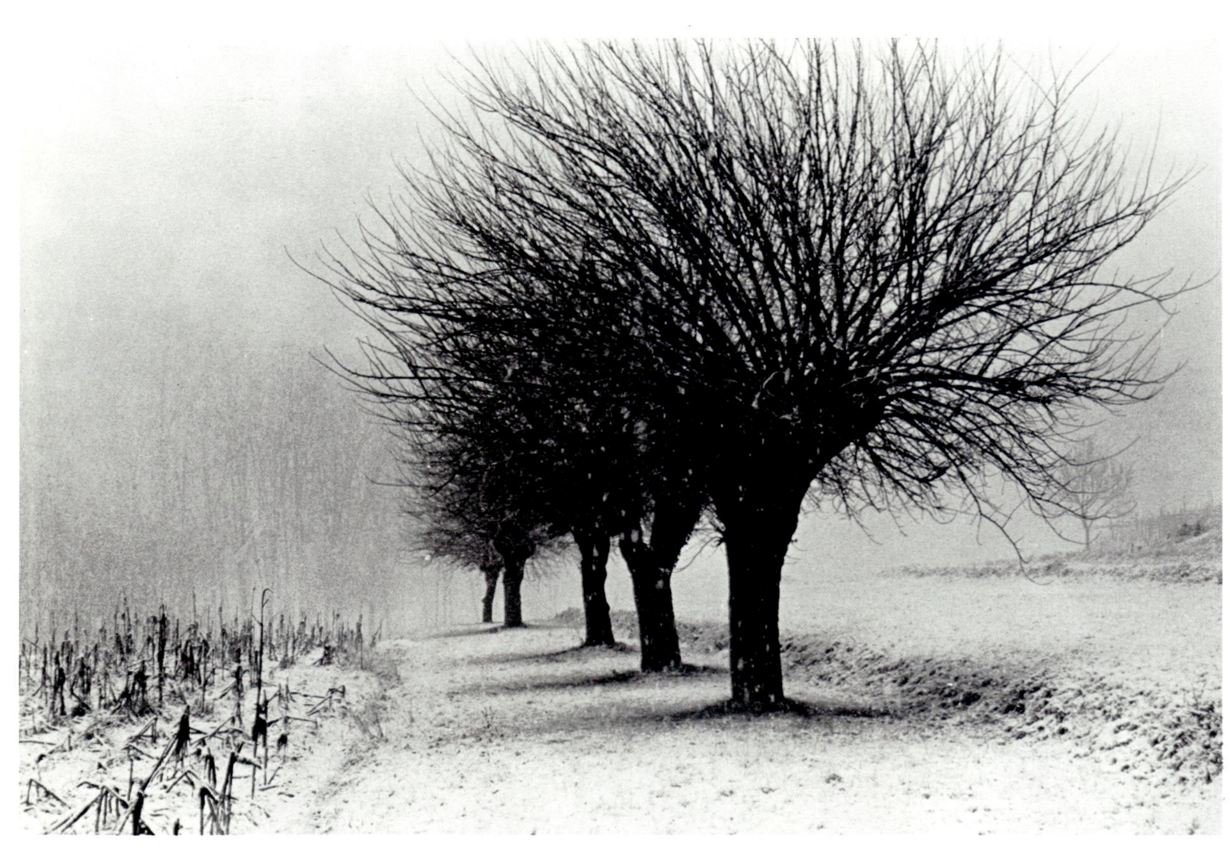

34. Settimo Rottaro *dicembre 1971*

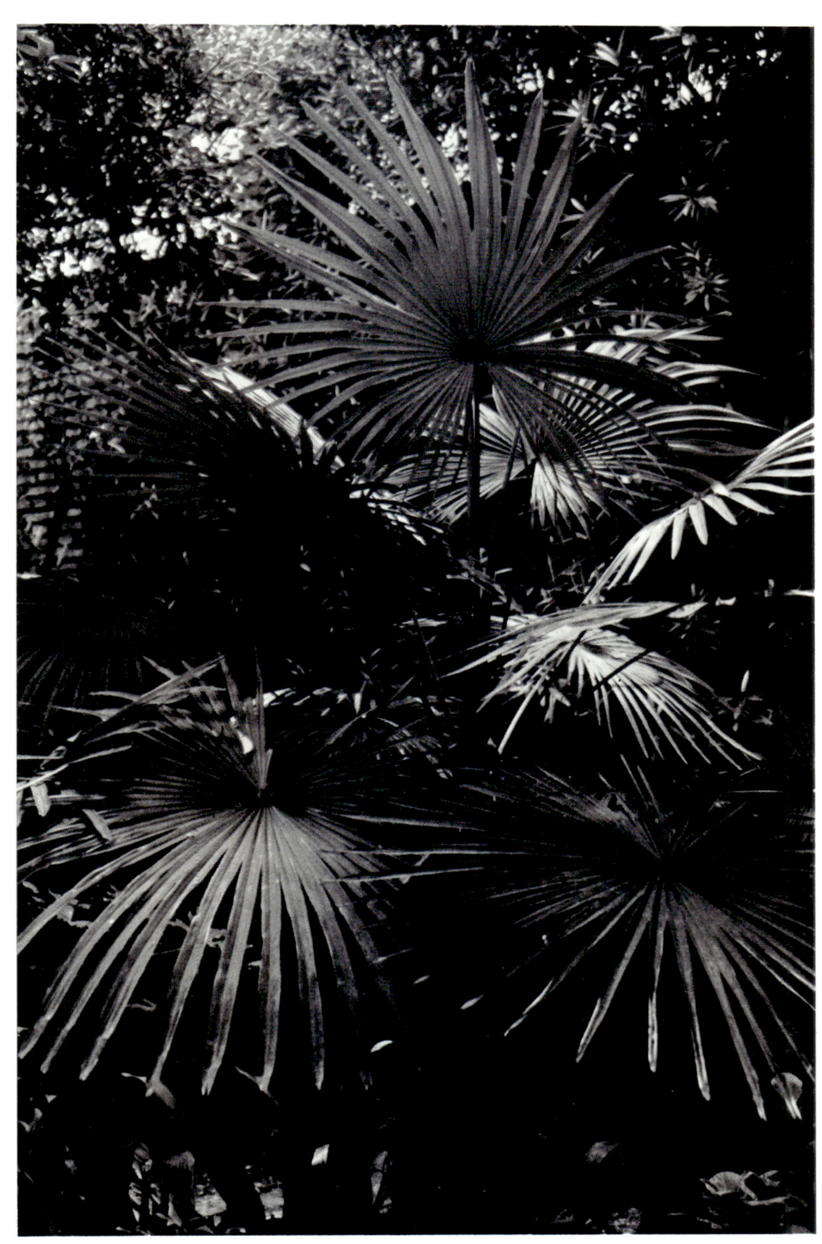

35. Roma *estate* 1970

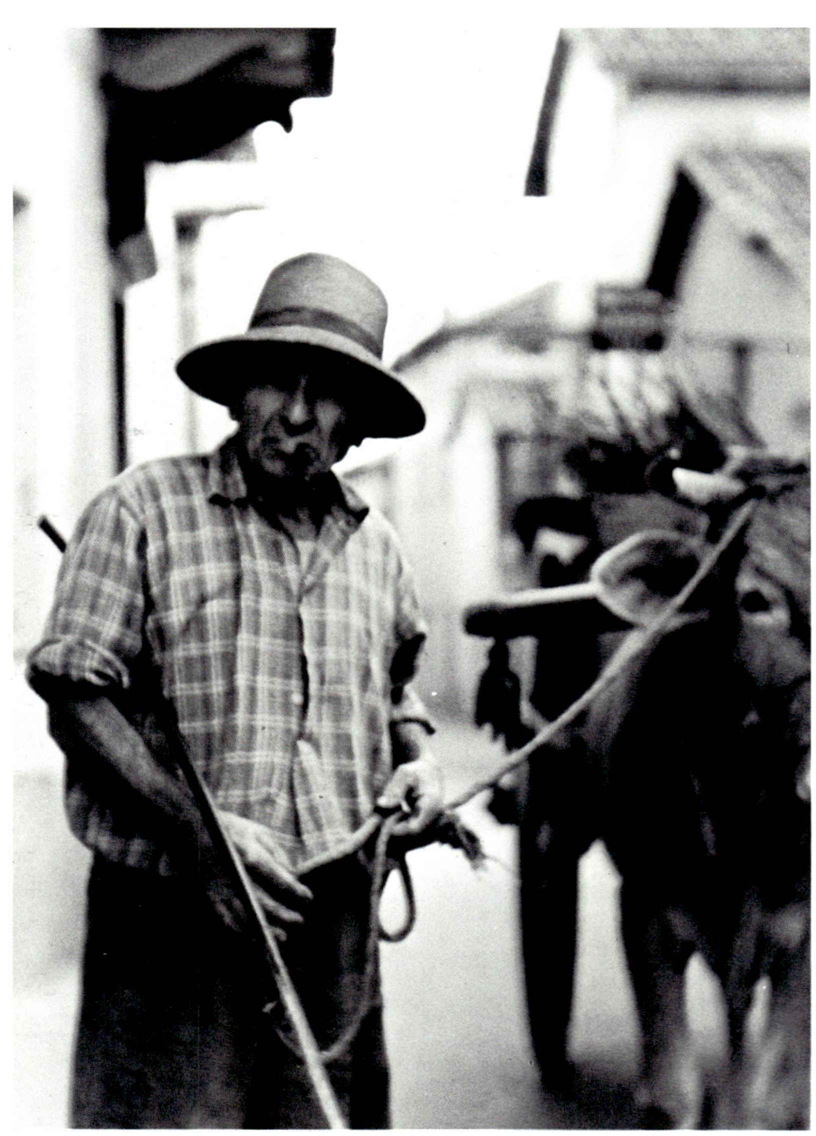

36. Settimo Rottaro *estate 1969*

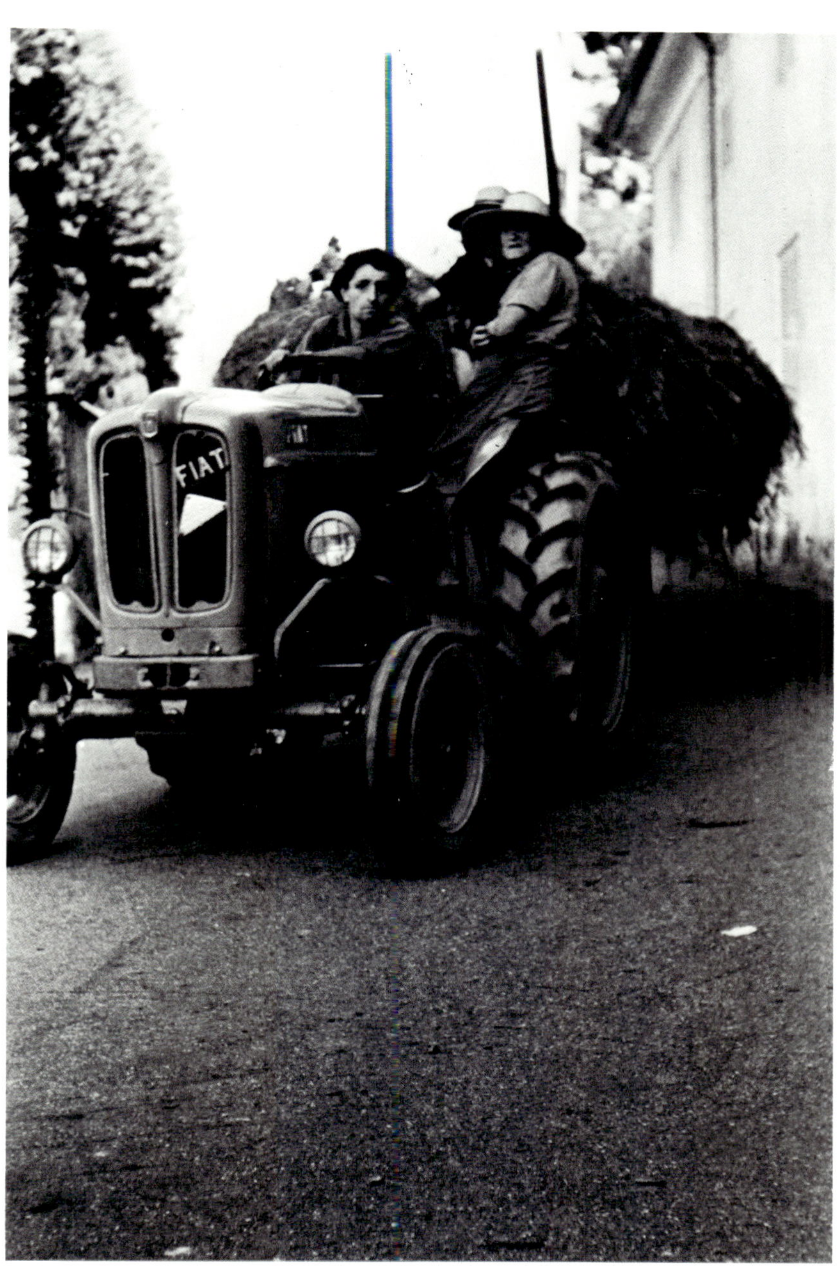

37. Settimo Rottaro *estate 1969*

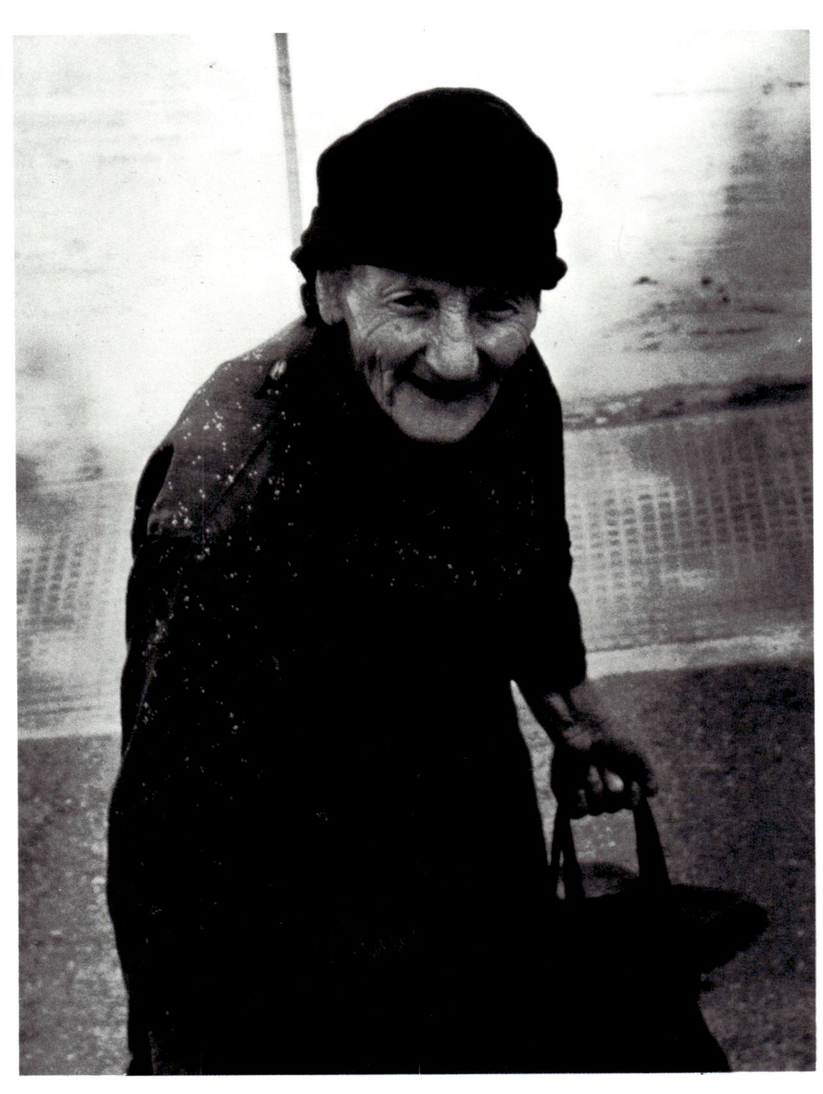

38. Settimo Rottaro *estate 1969*

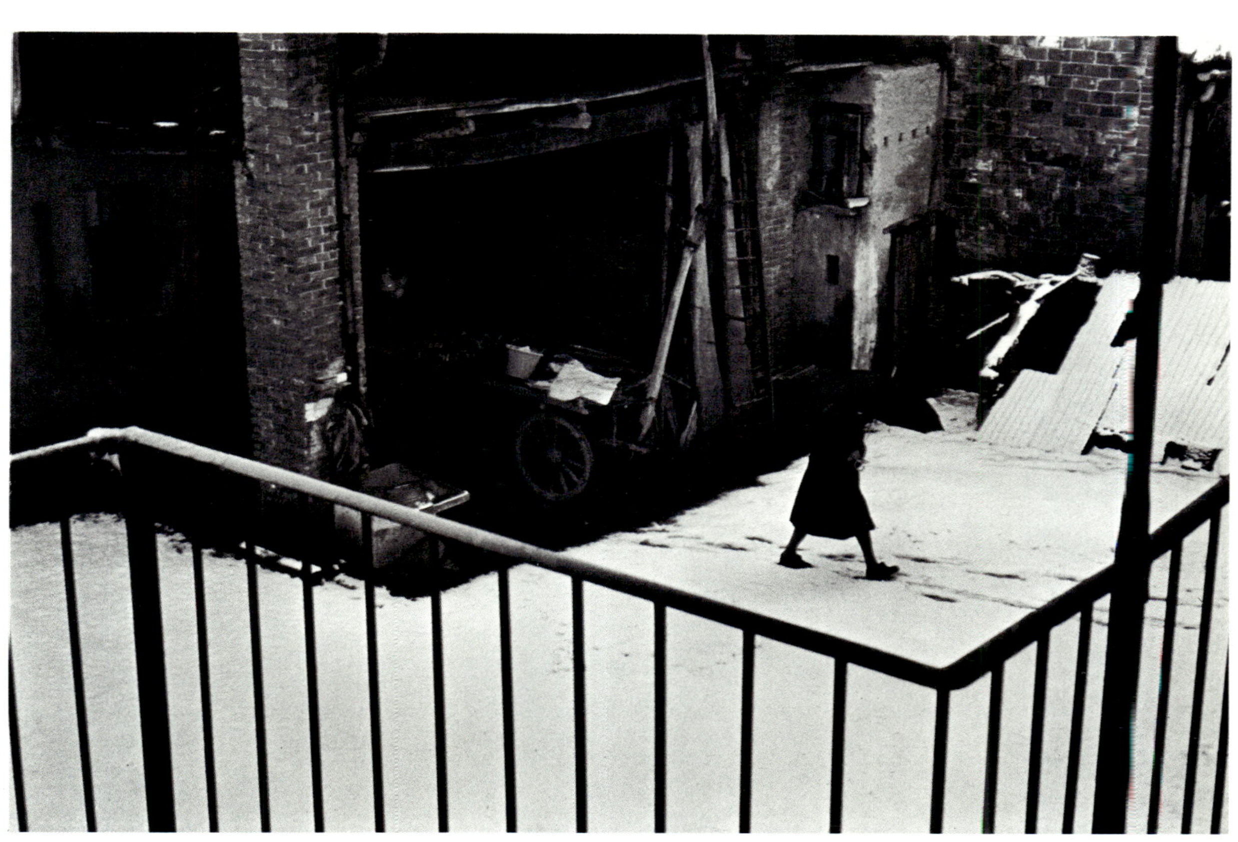

39. Settimo Rottaro *gennaio 1972*

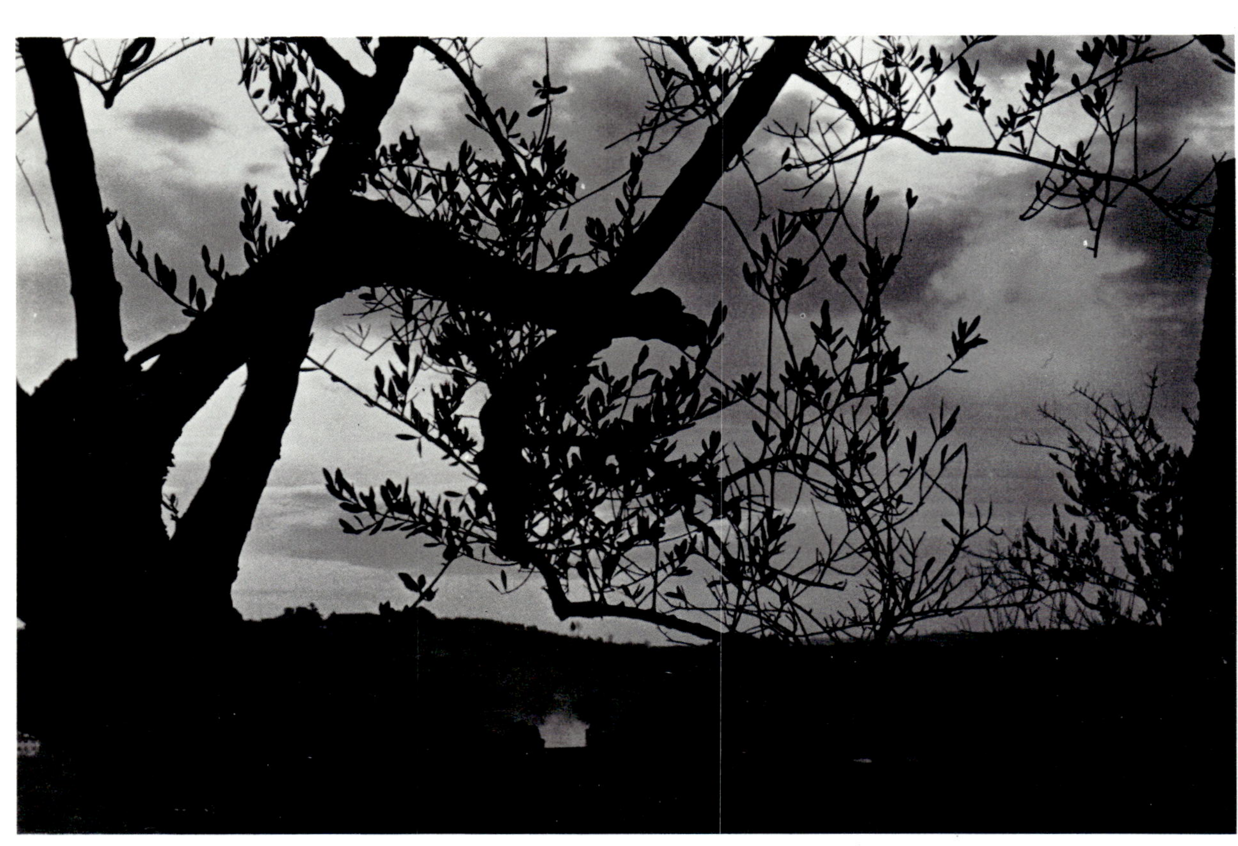

40. Firenze *gennaio 1972*

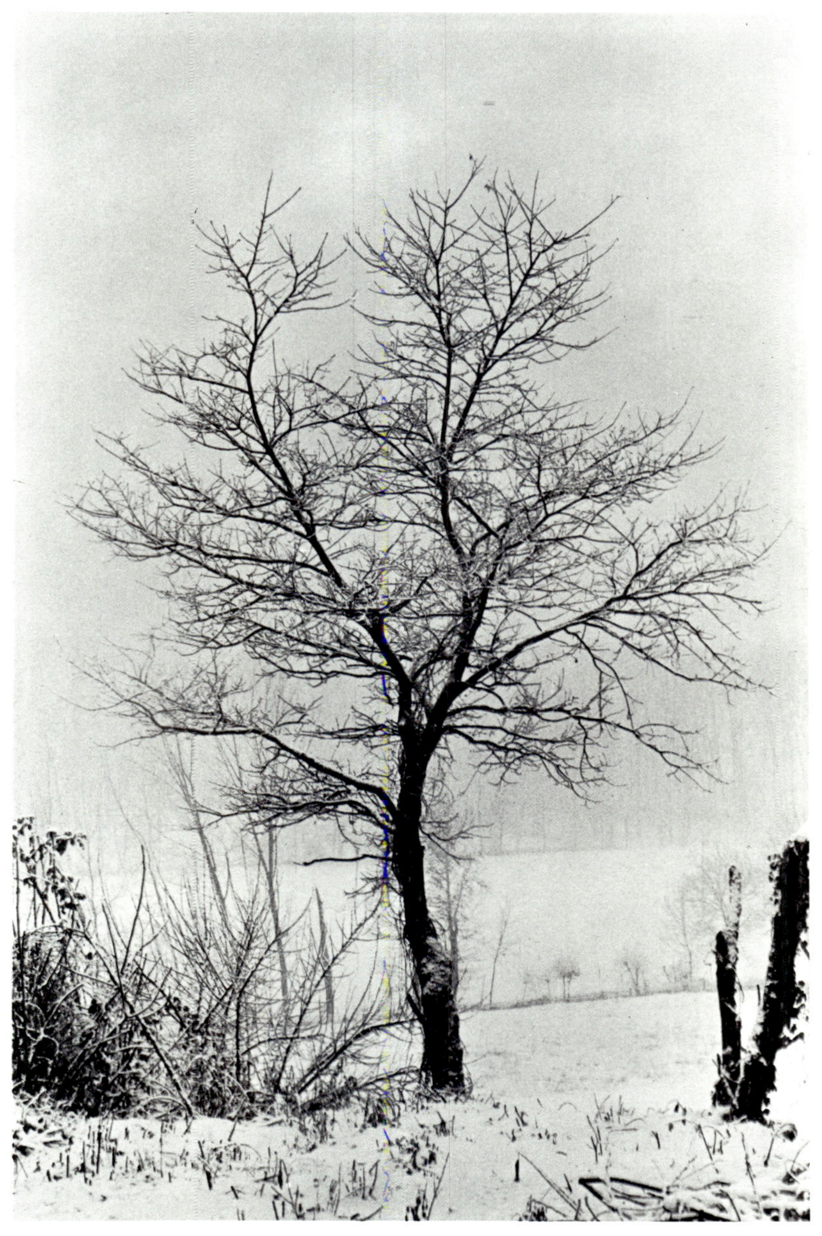

41. Settimo Rottaro *gennaio 1972*

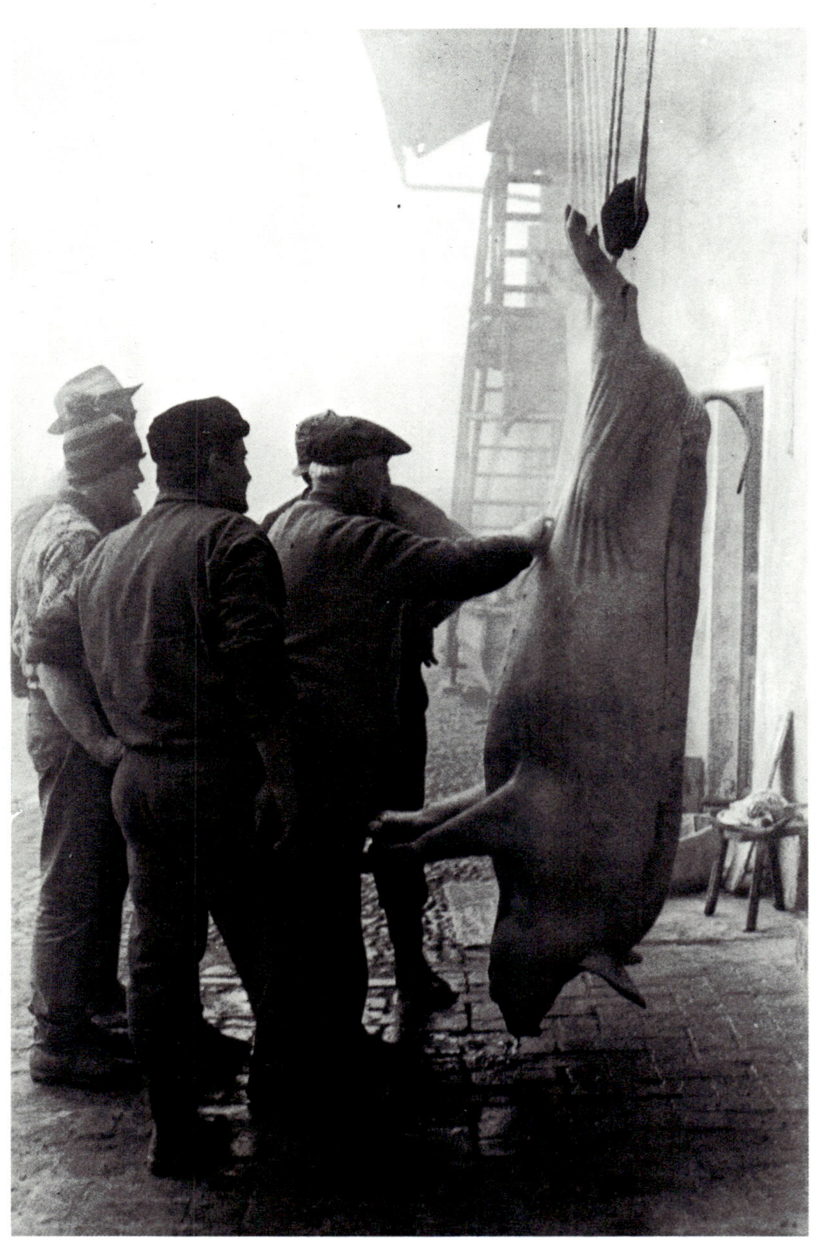

42. Settimo Rottaro *dicembre 1971*

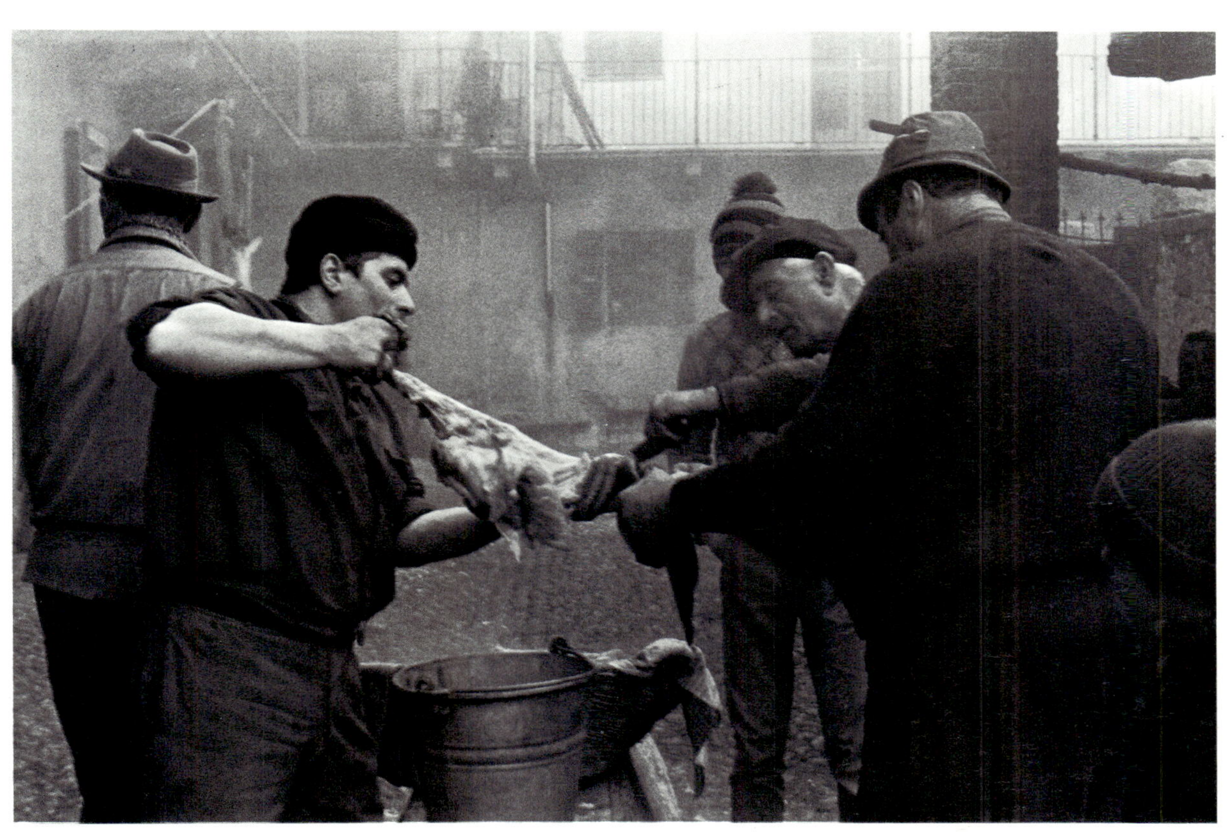

43. Settimo Rottaro *dicembre 1971*

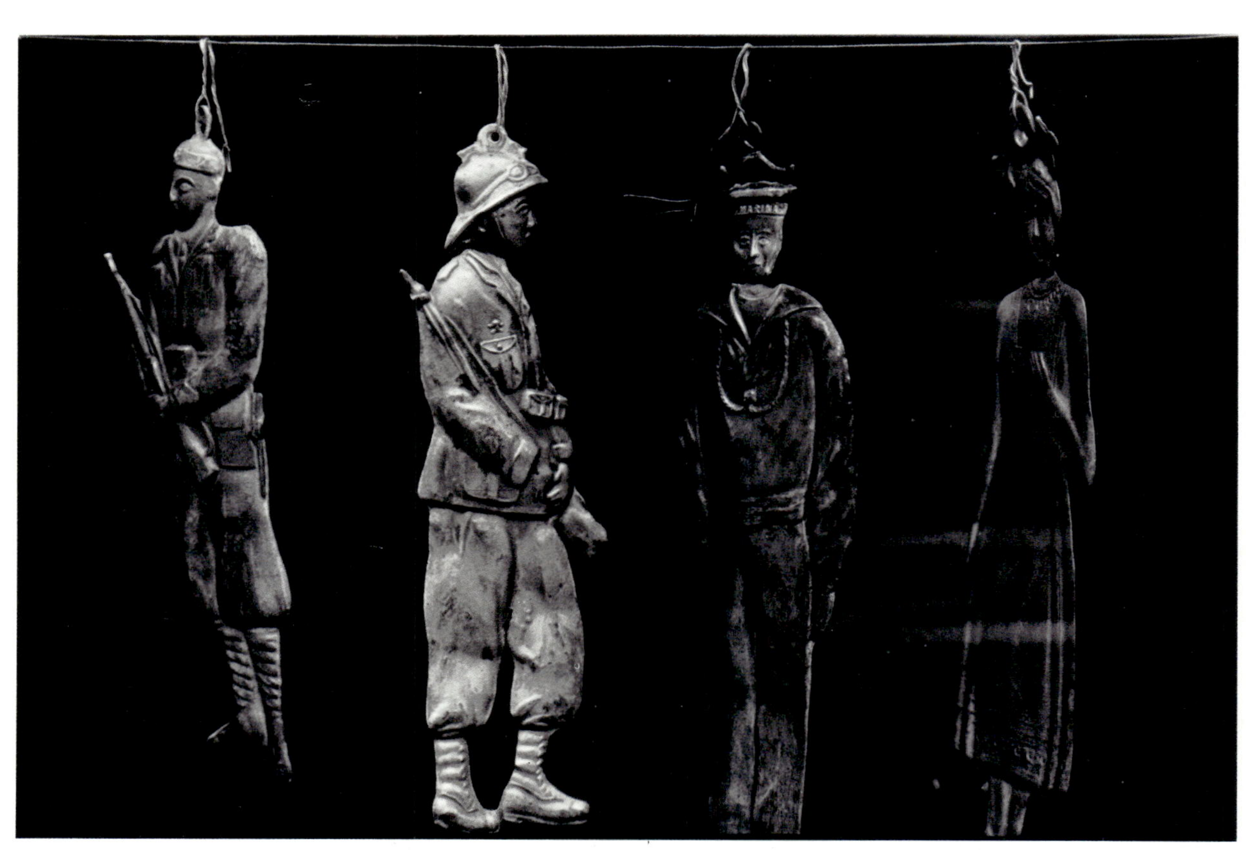

44. Firenze *gennaio 1972*

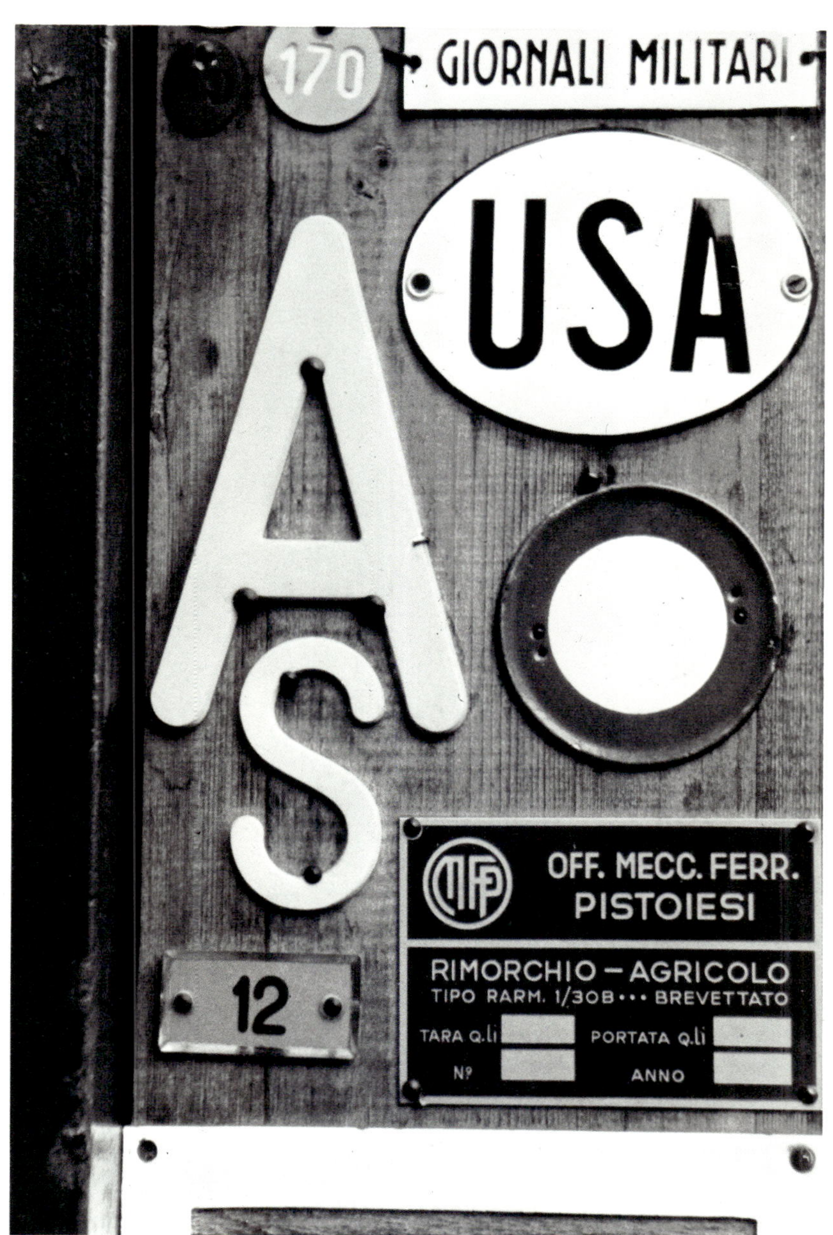

45. Firenze *estate 1969*

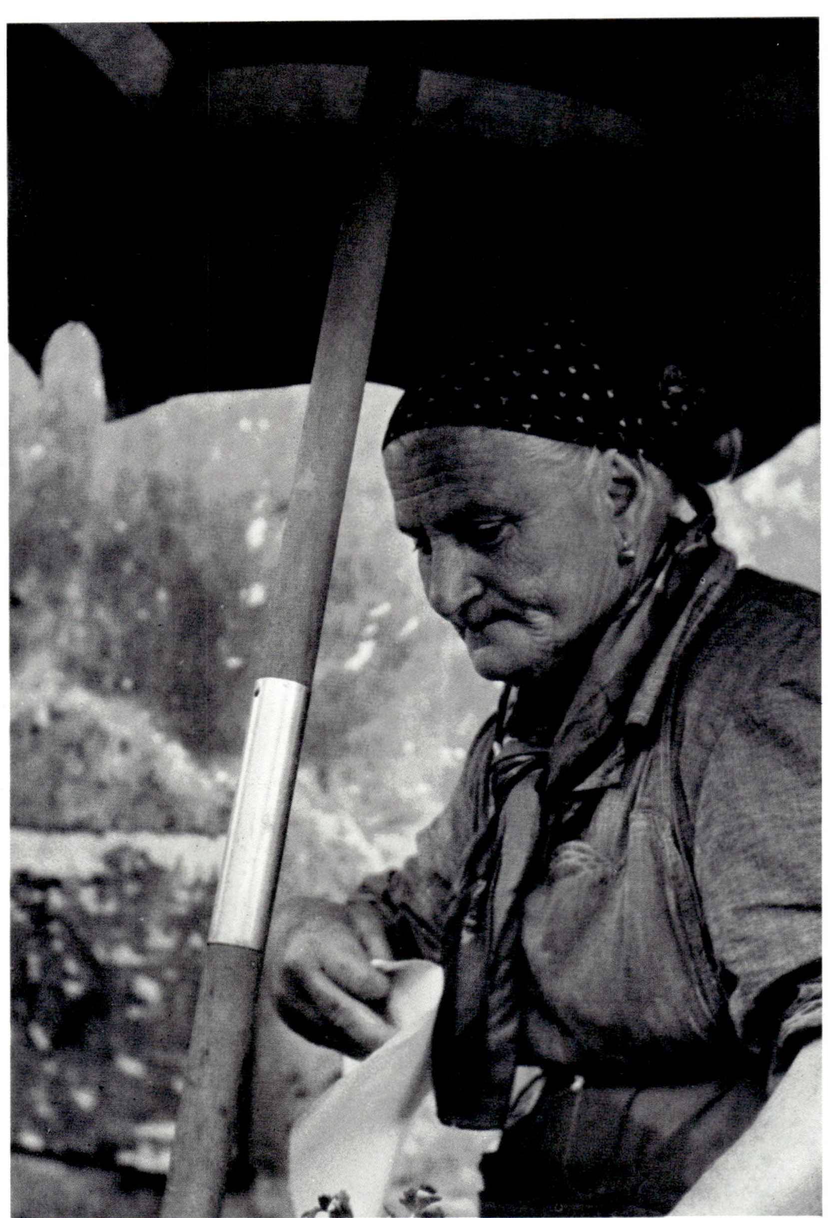

46. Roma *estate 1969*

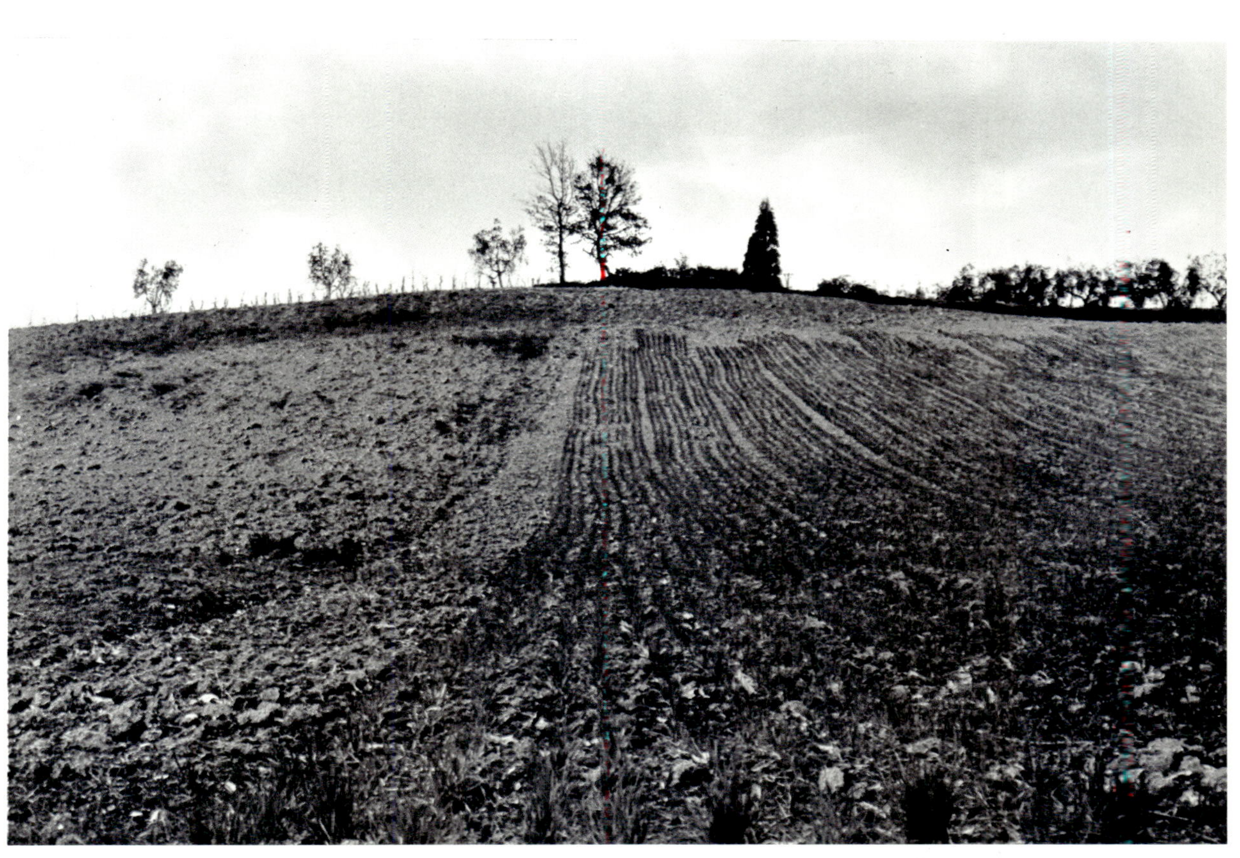

47. Firenze *gennaio 1972*

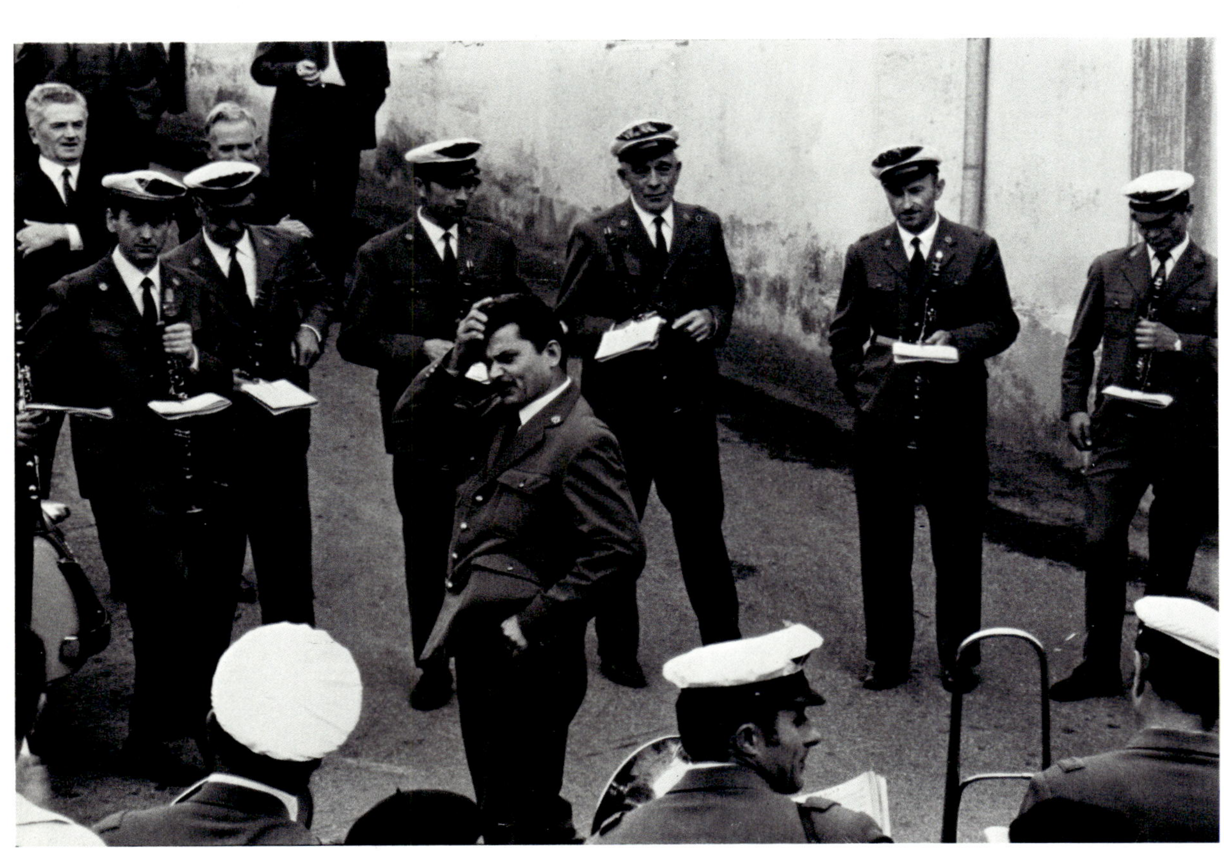

48. Settimo Rottaro *estate 1970*

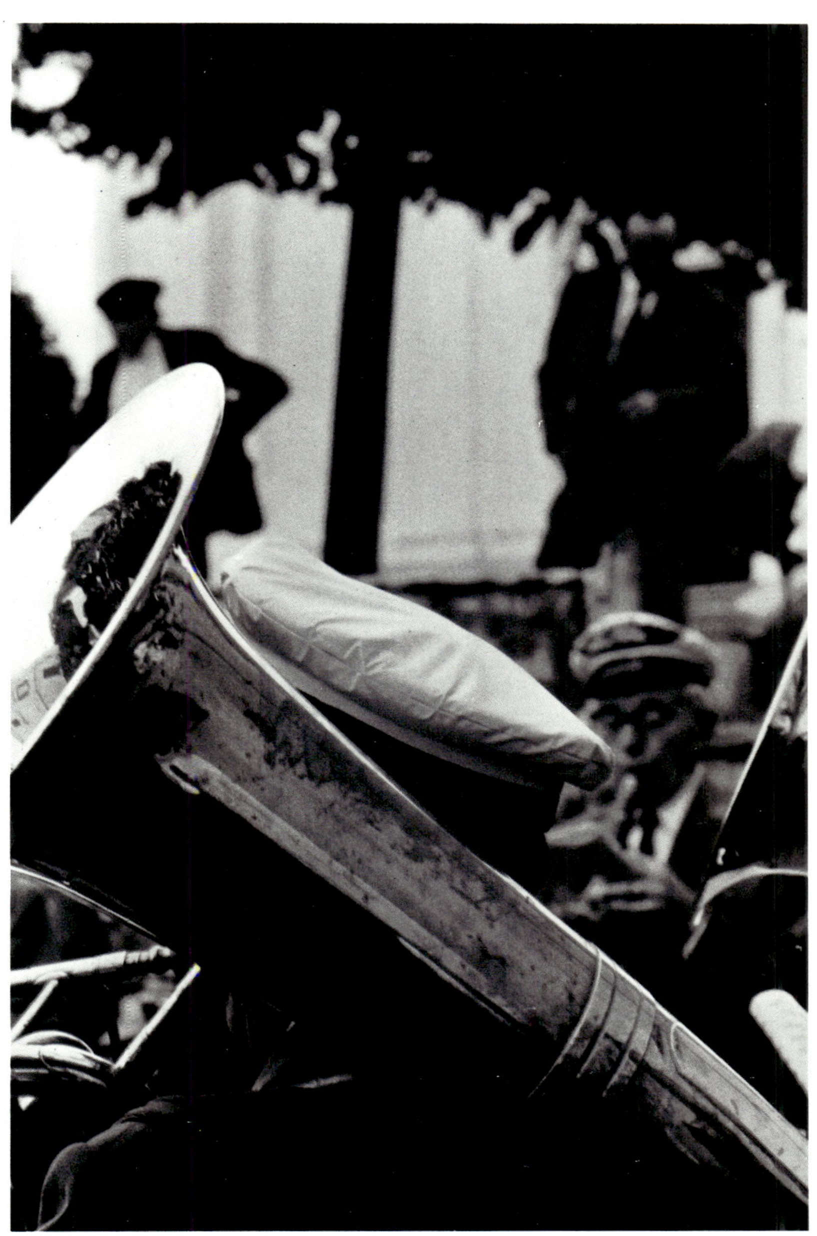

49. Settimo Rottaro *estate 1970*

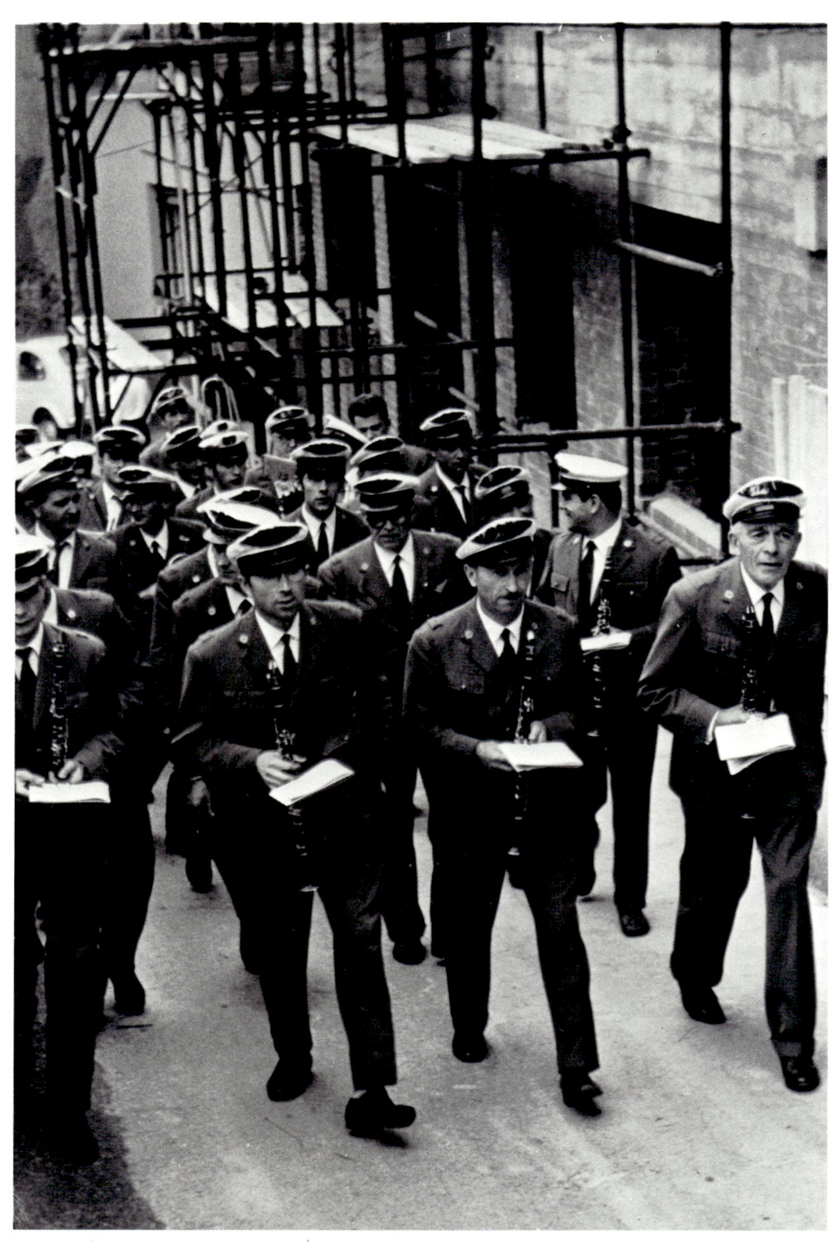

50. Settimo Rottaro *estate 1969*

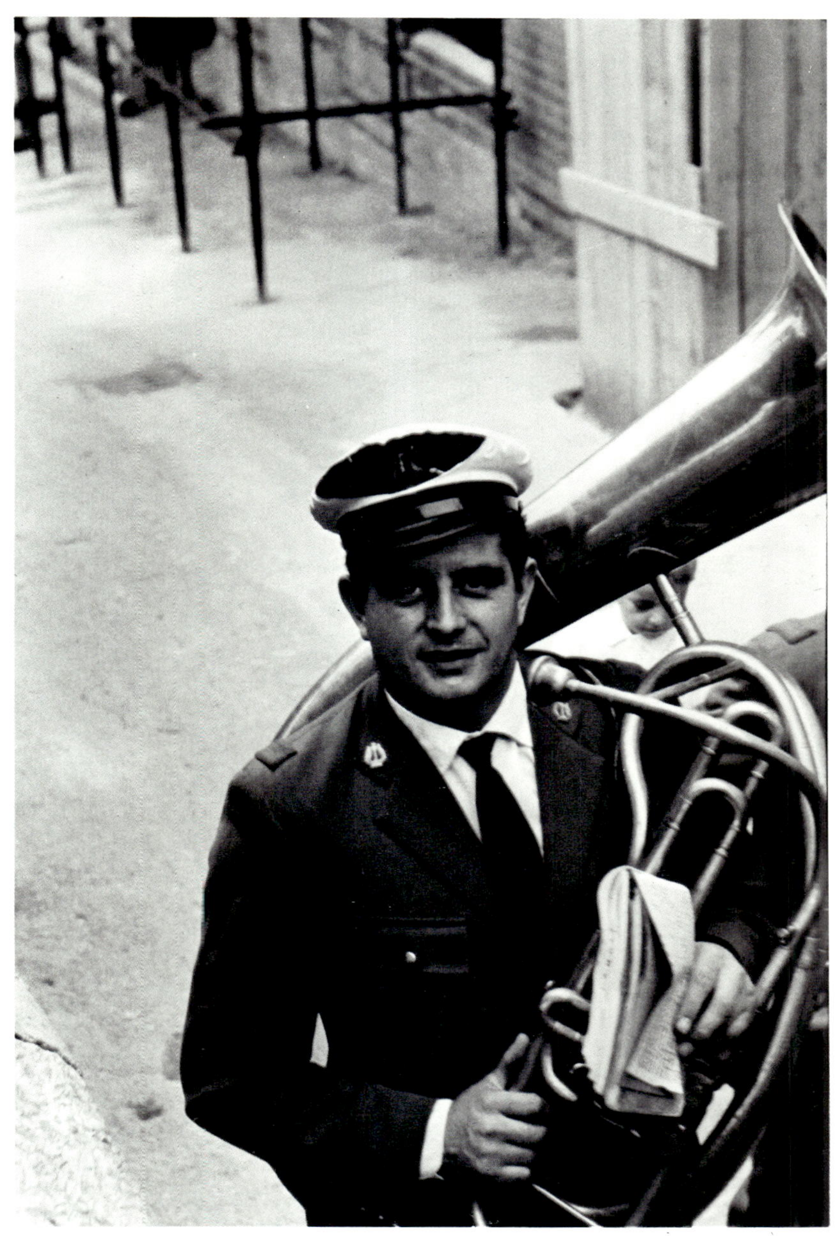

51. Settimo Rottaro *estate 1969*

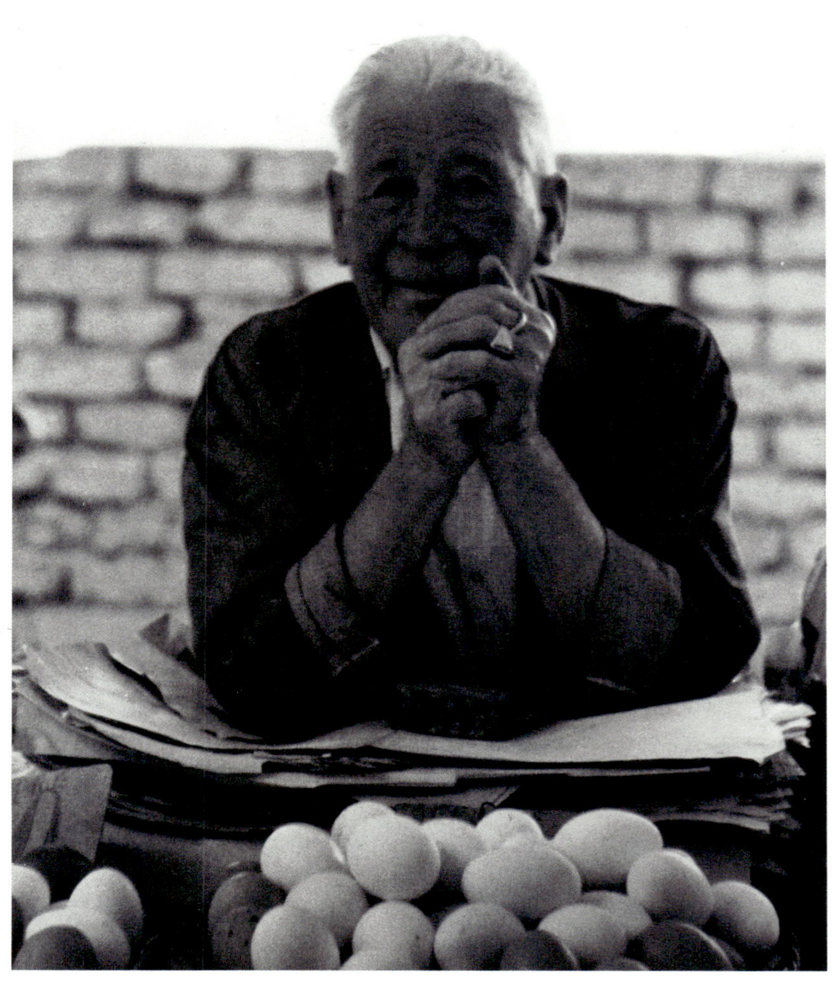

52. Roma *estate 1969*

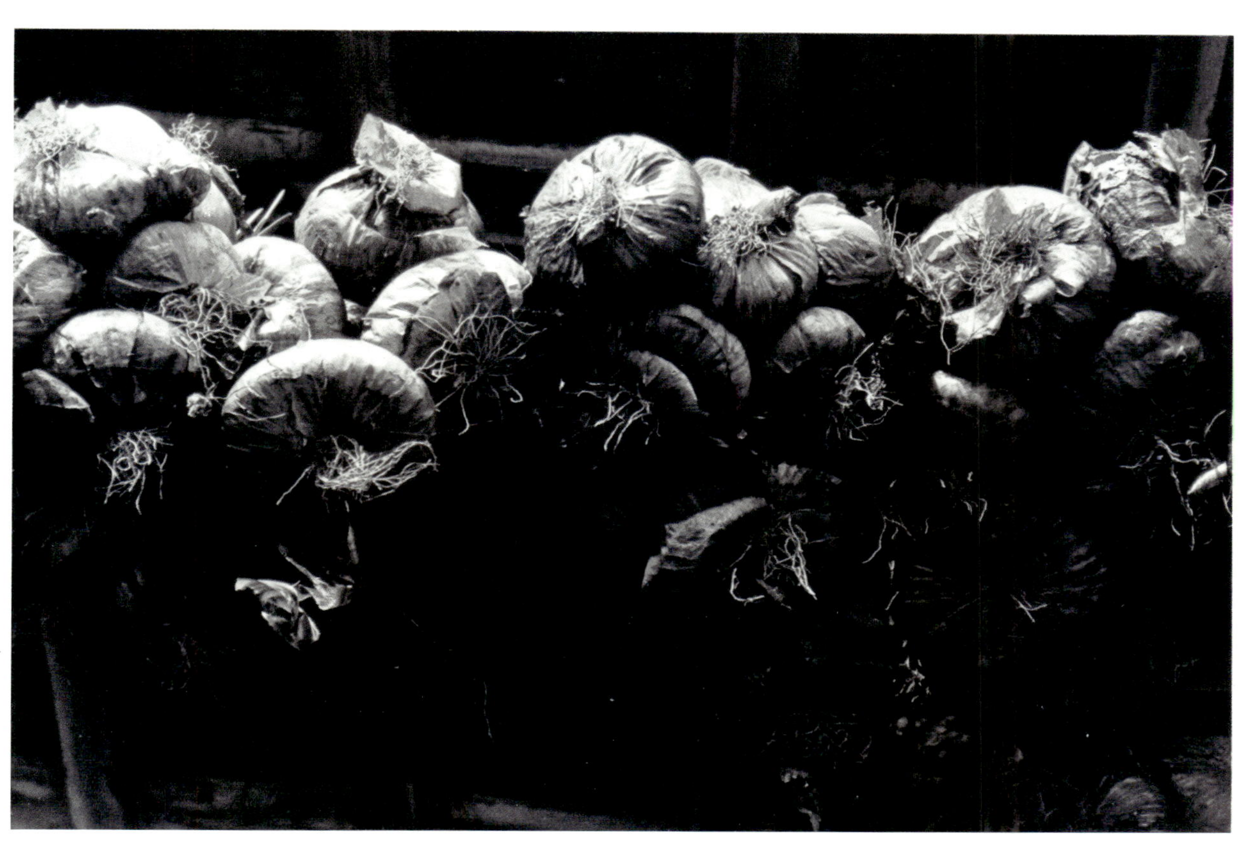

53. Firenze *gennaio 1972*

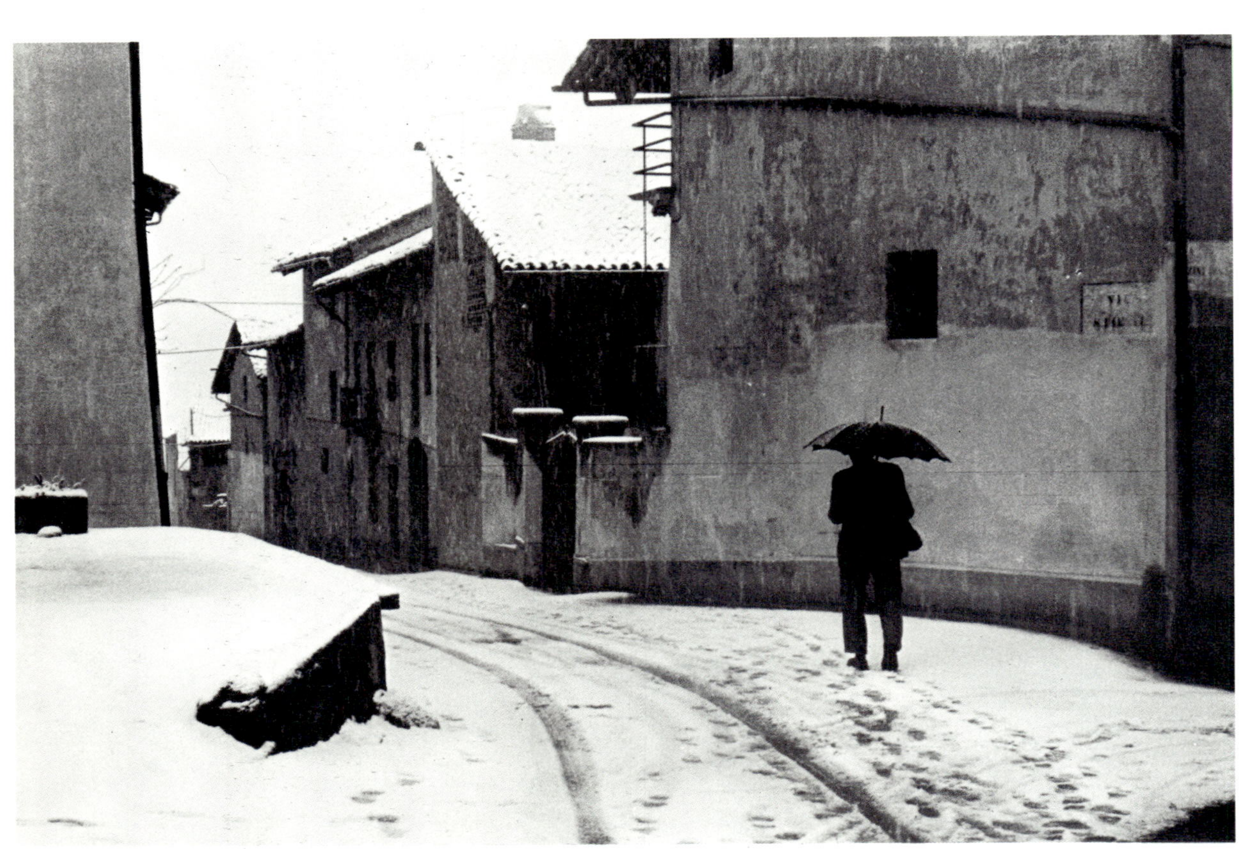

54. Settimo Rottaro *gennaio 1972*

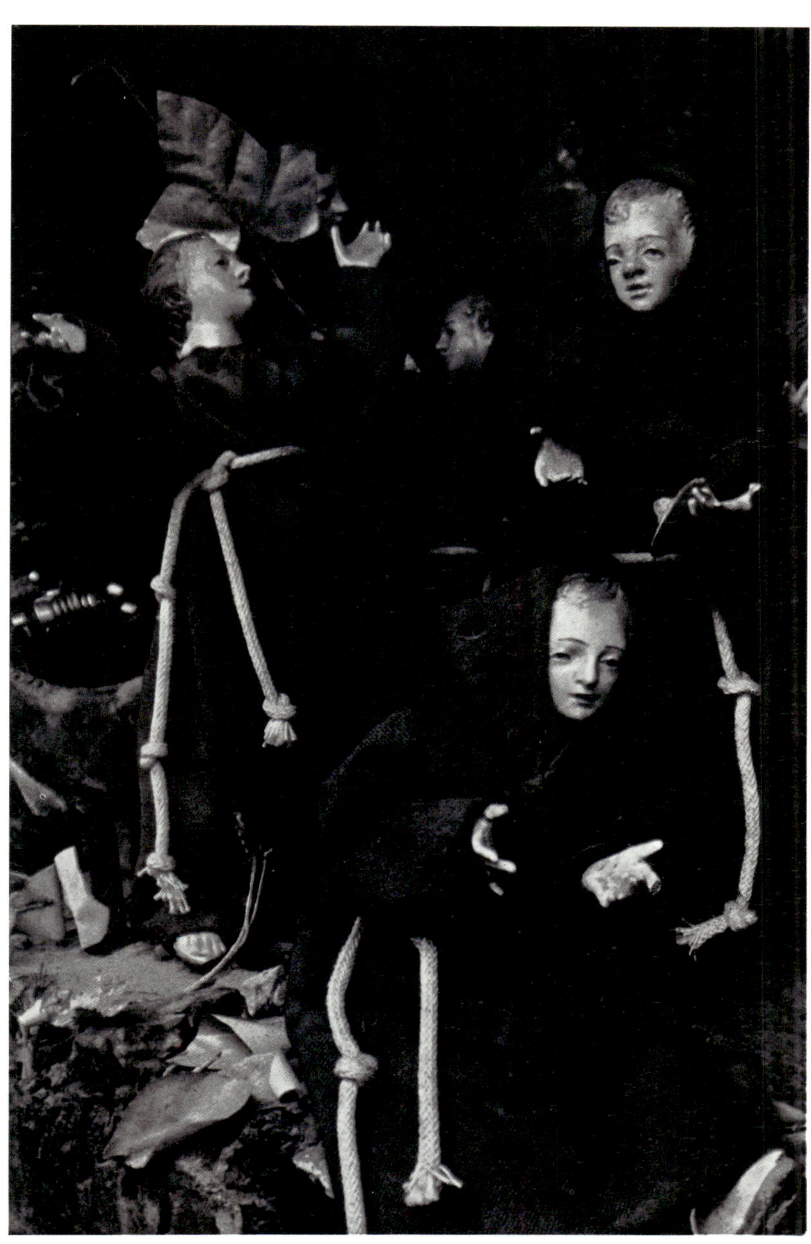

55. Firenze *gennaio 1972*

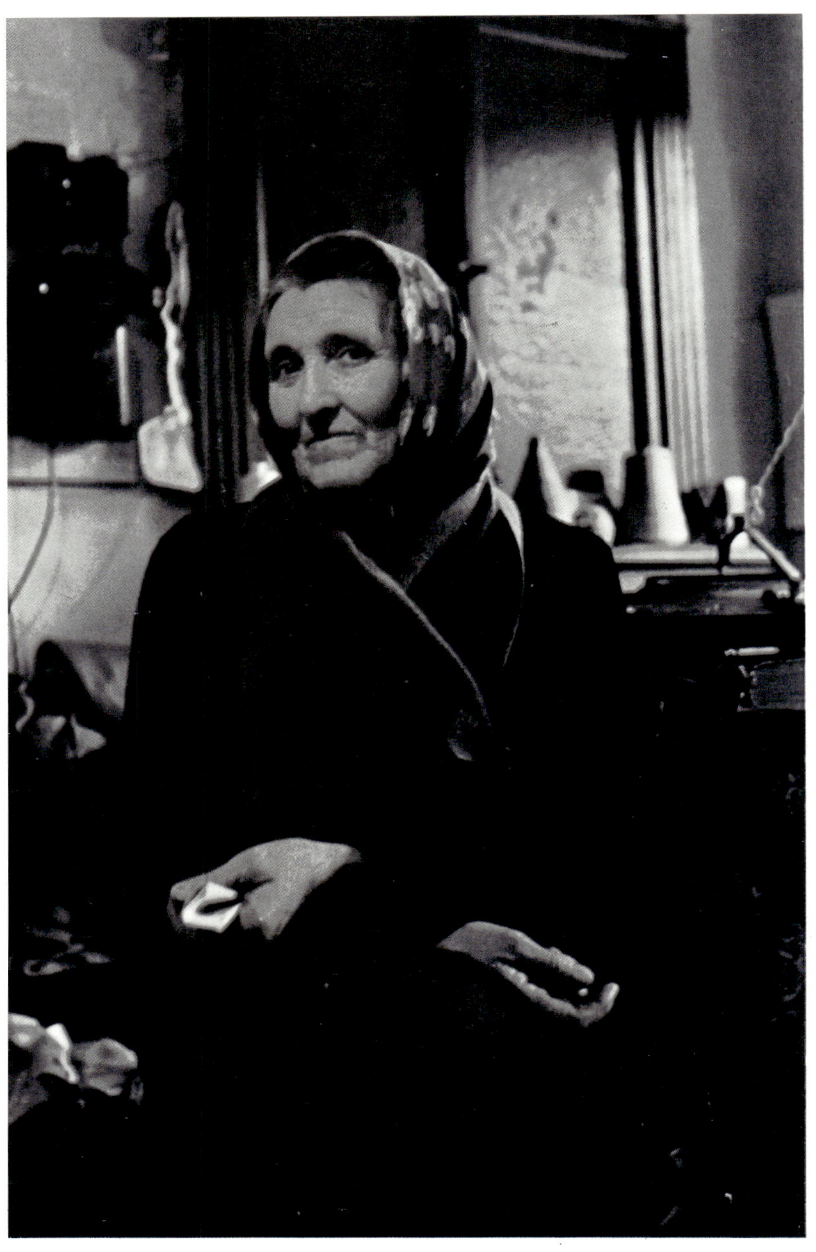

56. Settimo Rottaro *gennaio 1972*

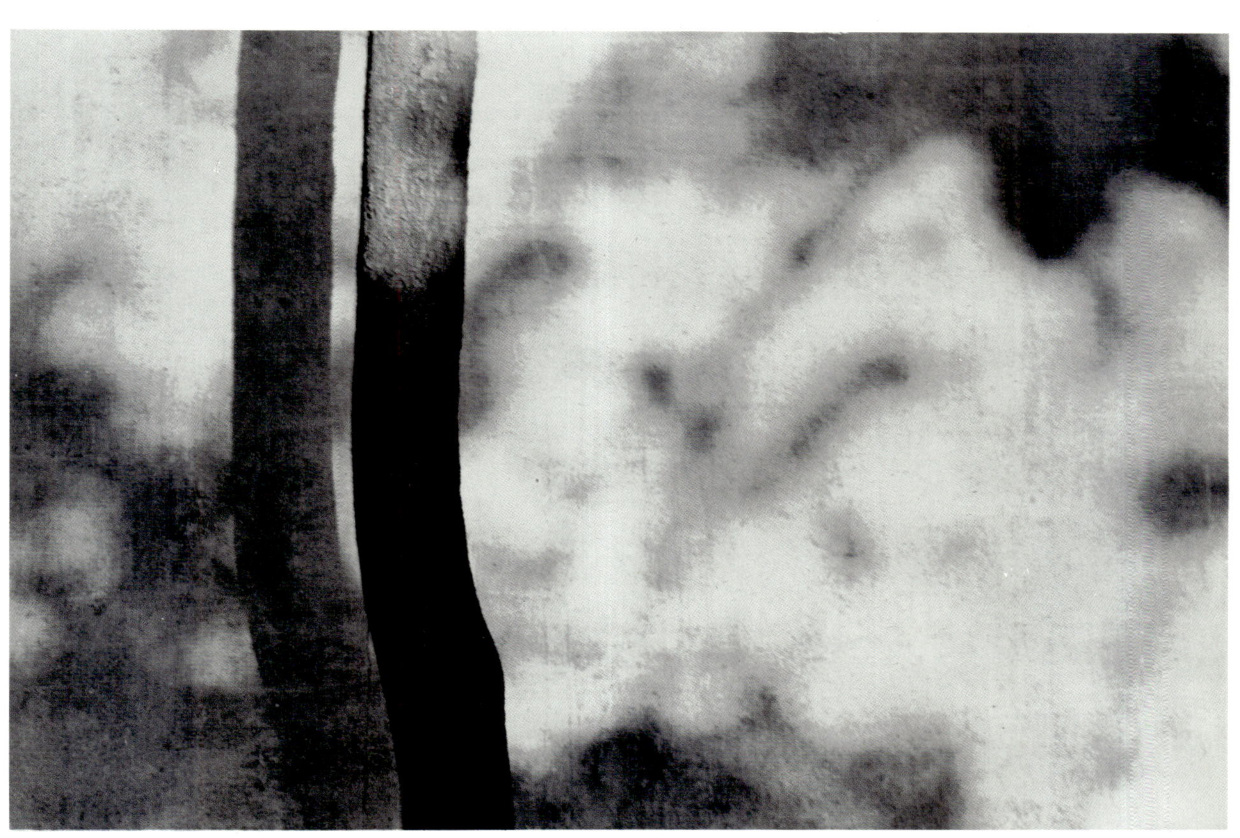

57. Firenze *gennaio 1972*

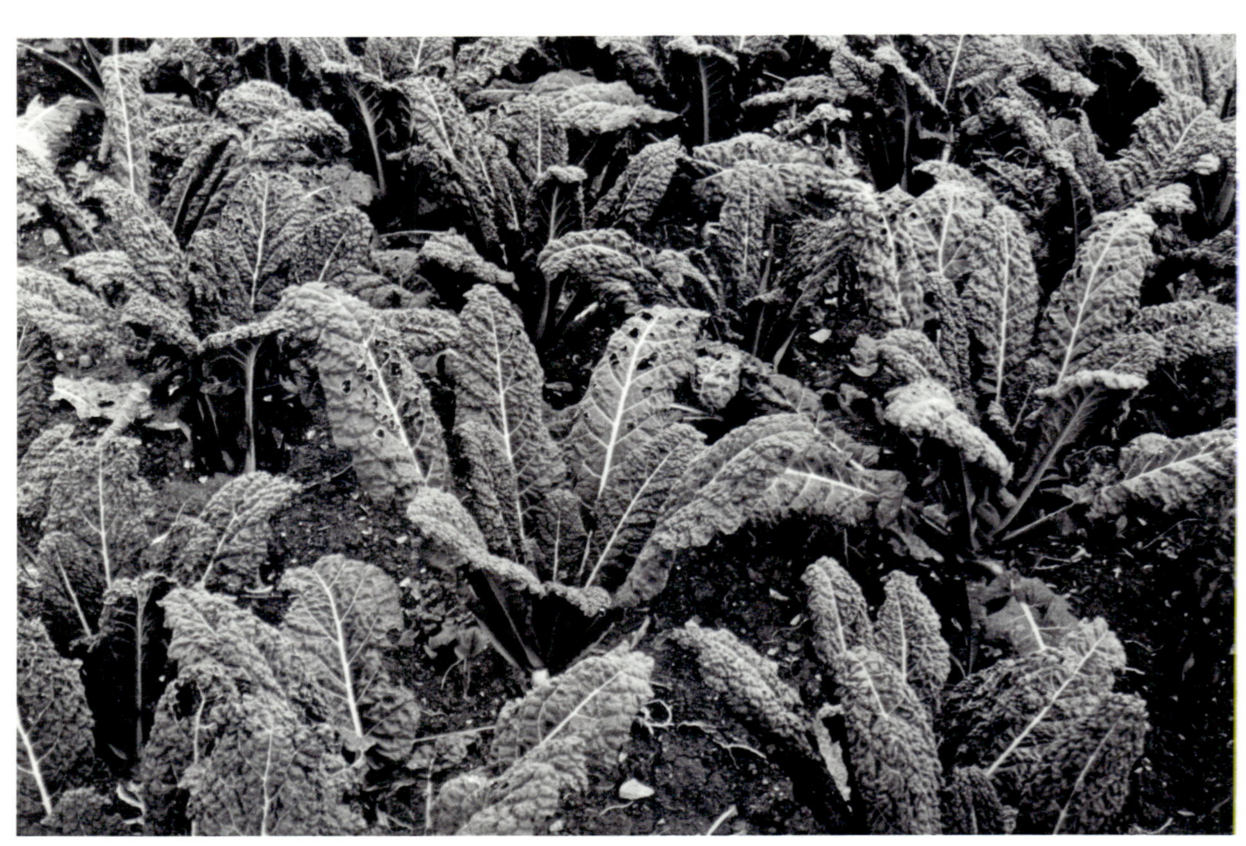

58. Firenze *gennaio 1972*

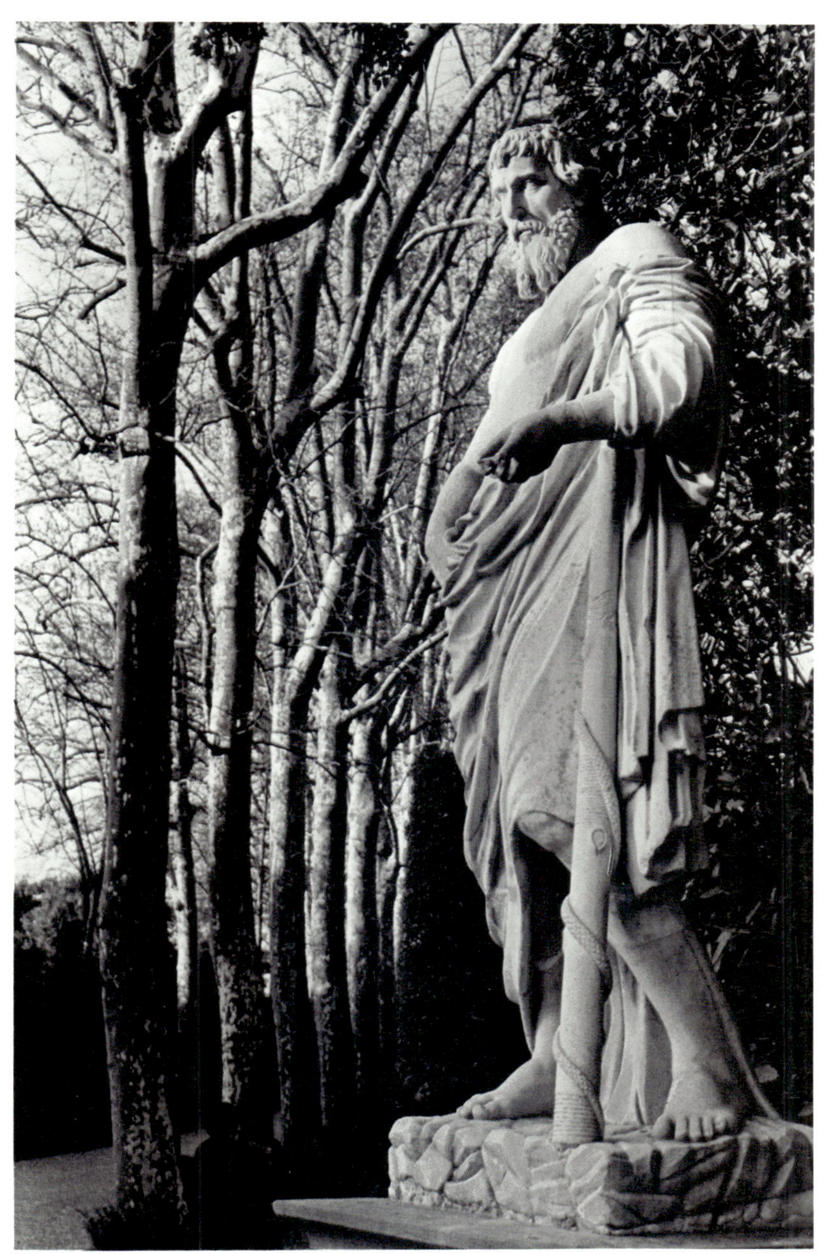

59. Firenze *gennaio 1972*

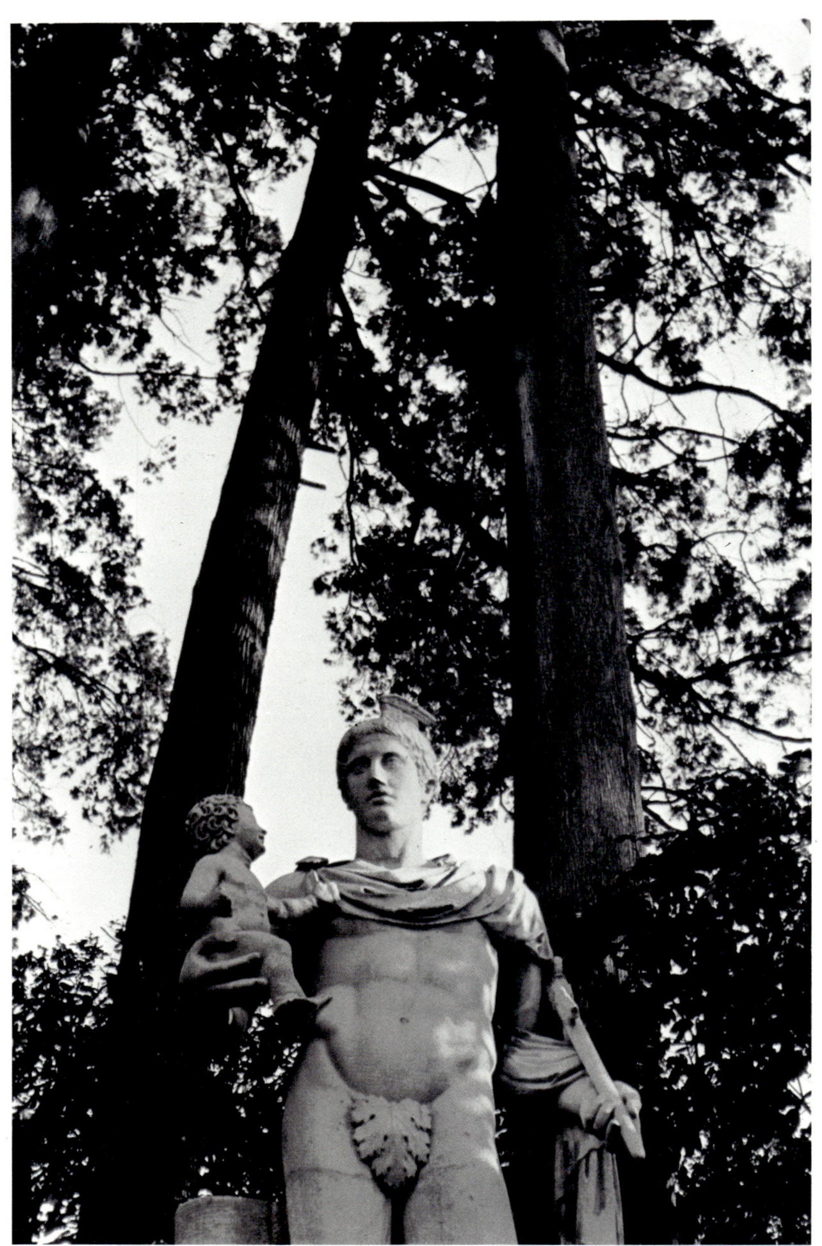

60. Firenze *gennaio 1972*

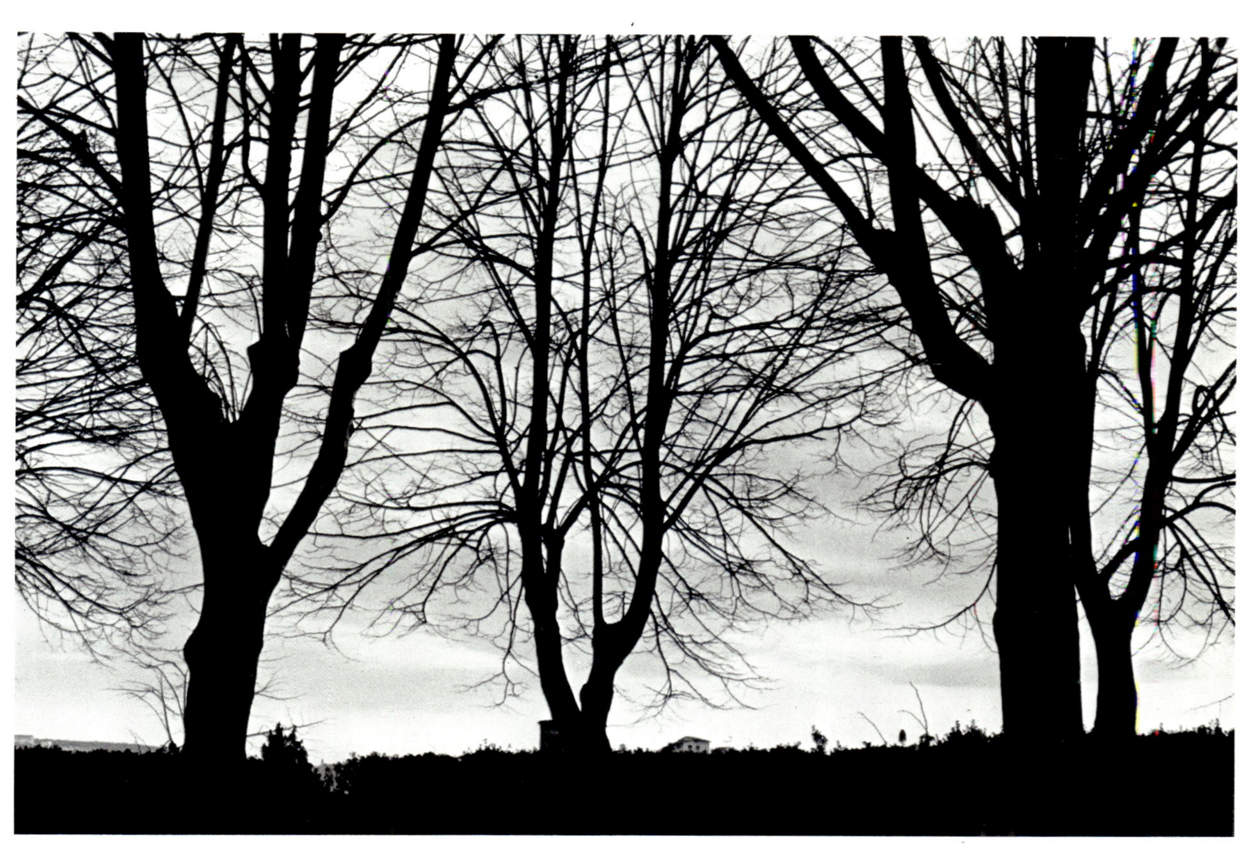

61. Firenze *gennaio 1972*

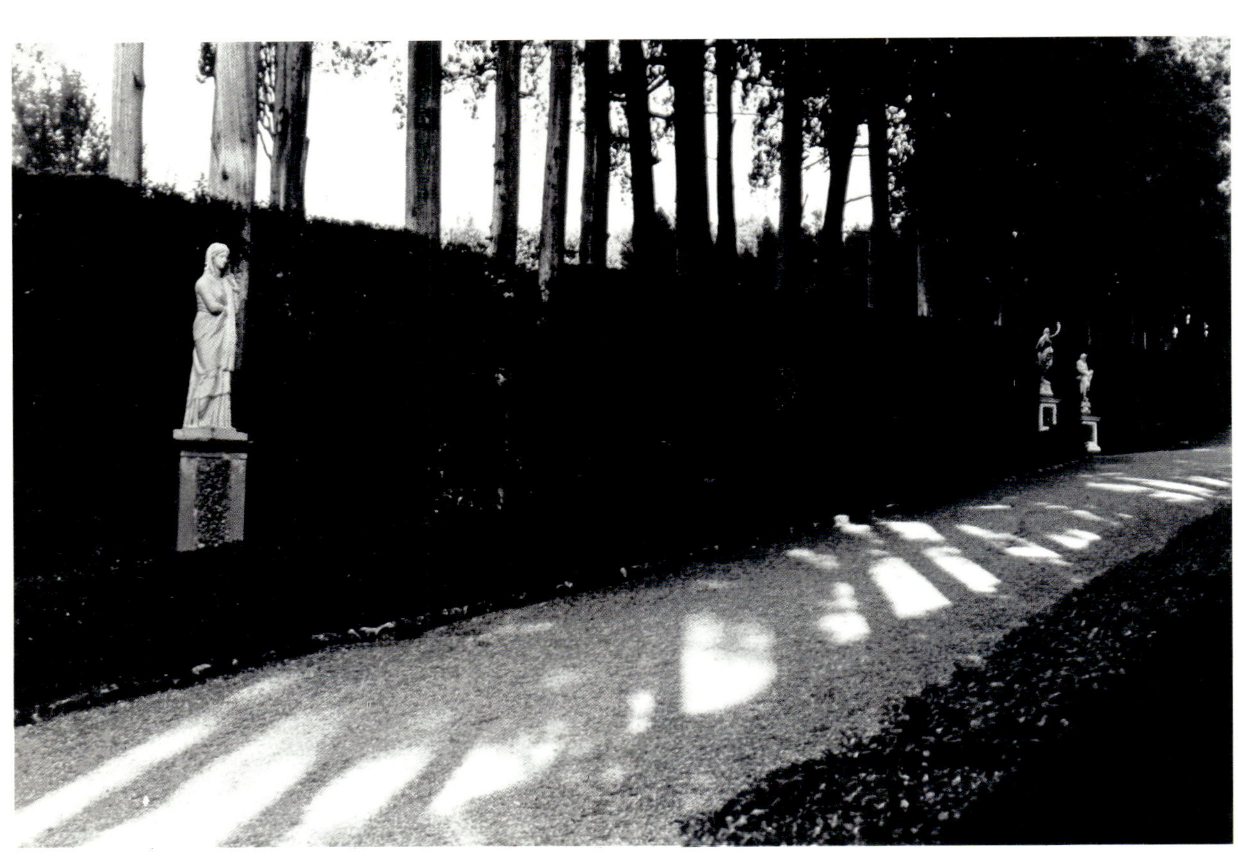

62. Firenze *gennaio 1972*

Tommy

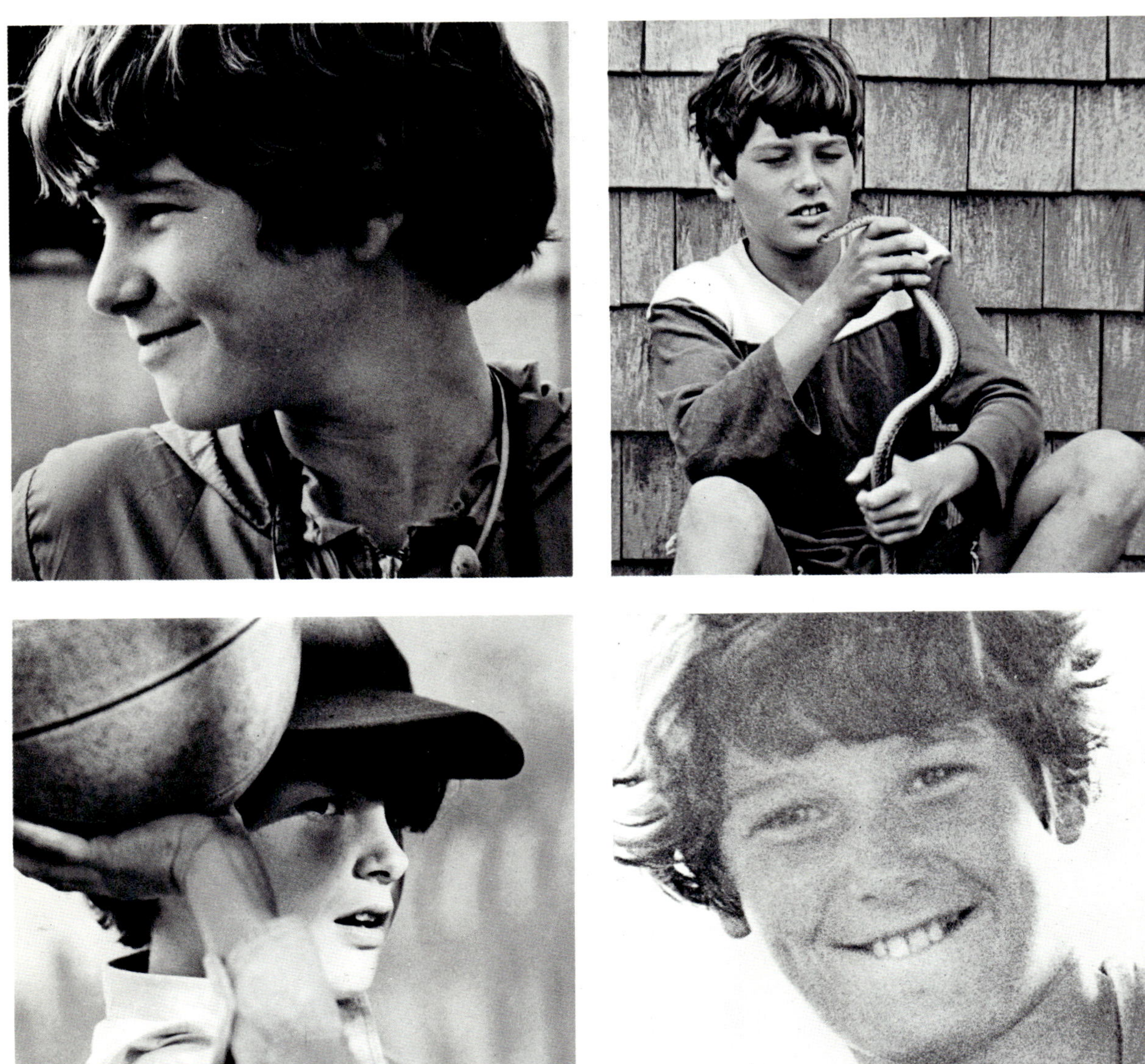

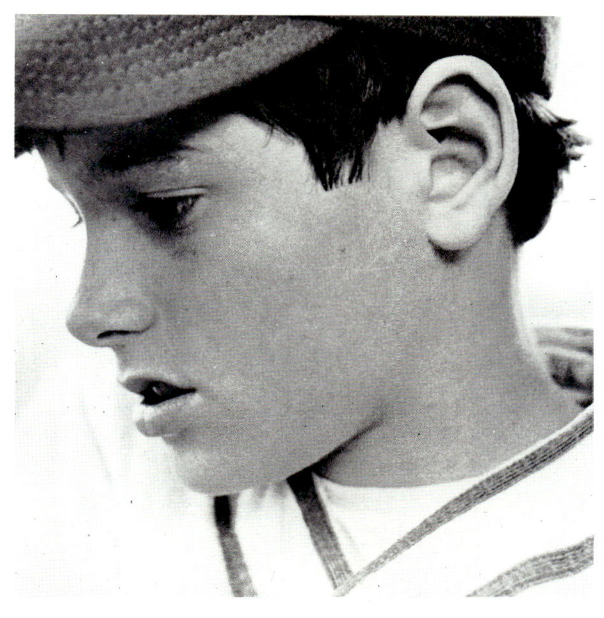
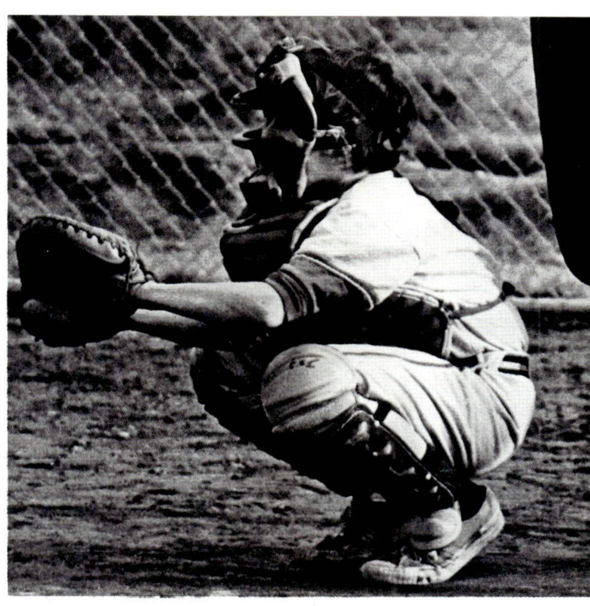
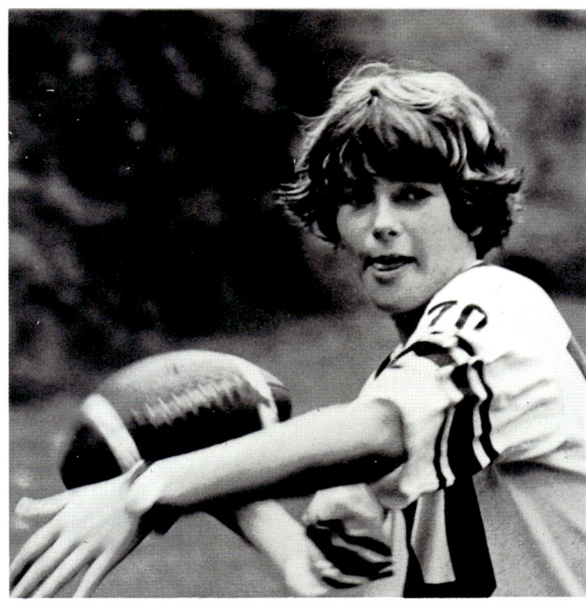
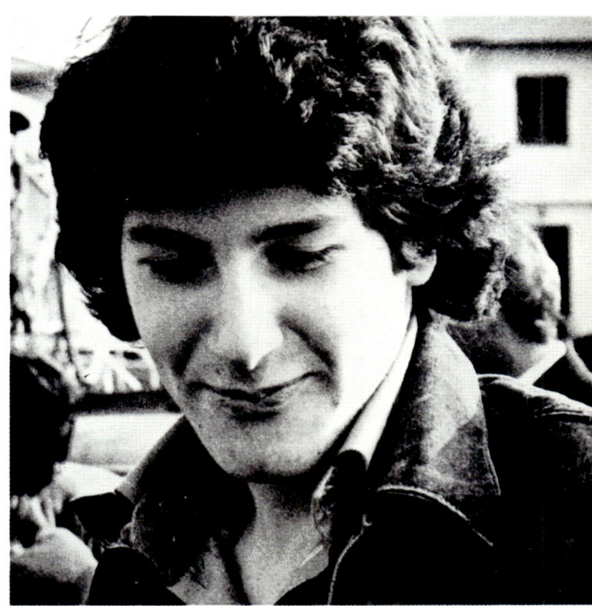

Finito di stampare nel mese di maggio 1976
nello stabilimento di Rizzoli Editore in Milano

Printed in Italy

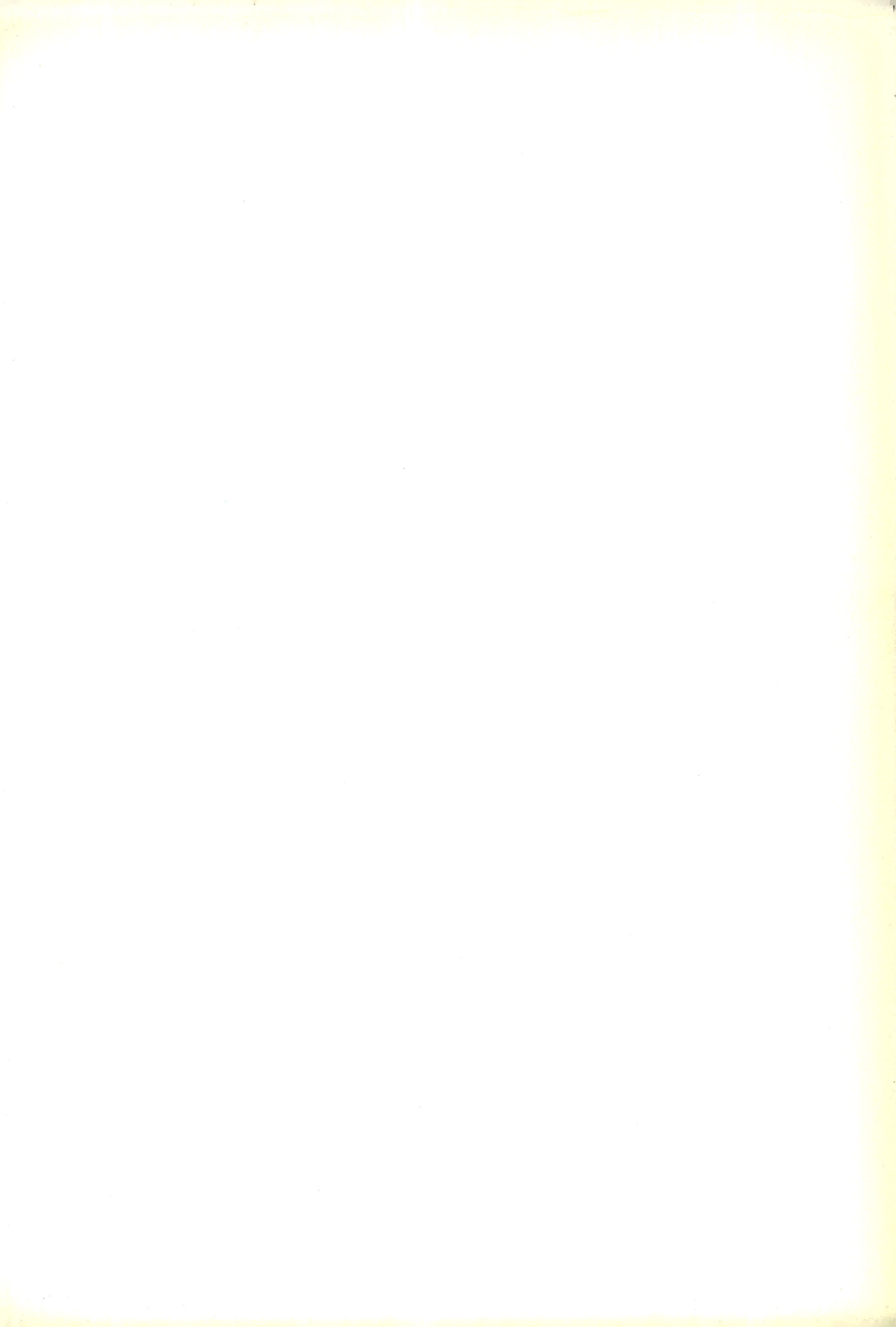